数字经济与高质量发展丛书

数字金融赋能我国居民消费结构升级：
影响效应及作用机制

赵晓阳　米国芳　海小辉　等著

中国商务出版社
·北京·

图书在版编目（CIP）数据

数字金融赋能我国居民消费结构升级 ： 影响效应及作用机制 / 赵晓阳等著 . -- 北京 ： 中国商务出版社，2024. 6. --（数字经济与高质量发展丛书）. -- ISBN 978-7-5103-5209-6

Ⅰ . F126.1

中国国家版本馆CIP数据核字第2024F4N273号

数字经济与高质量发展丛书

数字金融赋能我国居民消费结构升级：影响效应及作用机制

SHUZI JINRONG FUNENG WOGUO JUMIN XIAOFEI JIEGOU SHENGJI：YINGXIANG XIAOYING JI ZUOYONG JIZHI

赵晓阳　米国芳　海小辉　等著

出版发行：中国商务出版社有限公司
地　　址：北京市东城区安定门外大街东后巷28号　　邮编：100710
网　　址：http://www.cctpress.com
联系电话：010-64515150（发行部）　010-64212247（总编室）
　　　　　010-64243016（事业部）　010-64248236（印制部）
策划编辑：刘文捷
责任编辑：刘　豪
排　　版：德州华朔广告有限公司
印　　刷：北京建宏印刷有限公司
开　　本：787毫米×1092毫米　1/16
印　　张：11.5
字　　数：206千字
版　　次：2024年6月第 1 版
印　　次：2024年6月第 1 次印刷
书　　号：ISBN 978-7-5103-5209-6
定　　价：58.00元

丛书编委会

主　　编　王春枝

副 主 编　米国芳　郭亚帆

编　　委（按姓氏笔画排序）

王志刚　王春枝　刘　阳　刘　佳　米国芳　许　岩

孙春花　陈志芳　赵晓阳　郭亚帆　海小辉

序

自人类社会进入信息时代以来，数字技术的快速发展和广泛应用衍生出数字经济。与农耕时代的农业经济，以及工业时代的工业经济大有不同，数字经济是一种新的经济、新的动能、新的业态，其发展引发了社会和经济的整体性深刻变革。

数字经济的根本特征在于信息通信技术应用所产生的连接、共享与融合。数字经济是互联经济，伴随着互联网技术的发展，人网互联、物网互联、物物互联将最终实现价值互联。数字经济是共享经济，信息通信技术的运用实现了价值链条的重构，使价值更加合理、公平、高效地得到分配。数字经济也是融合经济，通过线上线下、软件硬件、虚拟现实等多种方式实现价值的融合。

现阶段，数字化的技术、商品与服务不仅在向传统产业进行多方向、多层面与多链条的加速渗透，即产业数字化；同时也在推动诸如互联网数据中心建设与服务等数字产业链和产业集群的不断发展壮大，即数字产业化。

近年来，我国深入实施数字经济发展战略，不断完善数字基础设施，加快培育新业态新模式，数字经济发展取得了显著成效。当前，面对我国经济有效需求不足、部分行业产能过剩、国内大循环存在堵点、外部环境复杂严峻等不利局面，发展数字经济是引领经济转型升级的重要着力点，数字经济已成为驱动中国经济实现高质量发展的重要引擎，数字经济所催生出的各种新业态，也将成为中国经济新的重要增长点。

为深入揭示数字经济对国民经济各行各业的数量影响关系，内蒙古财经大学统计与数学学院组织撰写了"数字经济与高质量发展丛书"。本系列丛书共11部，研究内容涉及数字经济对"双循环"联动、经济高质量发展、碳减排、工业经济绿色转型、产业结构优化升级、消费结构升级、公共转移支付缓解相对贫困等领域的赋能效应。

丛书的鲜明特点是运用统计学和计量经济学等量化分析方法。统计学作为一门方法论科学，通过对社会各领域涌现的海量数据和信息的挖掘与处理，于不确定性的万事万物中发现确定性，为人类提供洞见世界的窗口以及认识社会生活独特的视角与智慧，任何与数据相关的科学都有统计学的应用。计量经济学是运用数理统计学方法研究经济变量之间因果关系的经济学科，在社会科学领域中有着越来越广泛的应用。本套丛书运用多种统计学及计量经济学模型与方法，视野独特，观点新颖，方法科学，结论可靠，可作为财经类院校统计学专业教师、本科生与研究生科学研究与教学案例使用，同时也可为青年学者学习统计方法及研究经济社会等问题提供参考。

本套丛书在编写过程中参考与引用了大量国内外同行专家的研究成果，在此深表谢意。丛书的出版得到内蒙古财经大学的资助和中国商务出版社的鼎力支持，在此一并感谢。受作者自身学识与视野所限，文中观点与方法难免存在不足，敬请广大读者批评指正。

丛书编委会

2023 年 9 月 30 日

前　言

　　中国特色社会主义已经迈入了新时代，我国的经济发展也随之步入了新的历史阶段，已由高速增长阶段转向高质量发展阶段。回顾改革开放四十余年的辉煌历程，我国经济实现了跨越式发展，经济总量稳居全球第二位，国内生产总值年均增长速率远超世界同期平均水平。然而，这种以高速度为特征的增长模式也带来了诸多挑战，如资源环境的压力日益增大、产业结构亟待优化、区域发展不平衡等问题逐渐凸显。面对这些挑战，我国经济发展迫切需要转变发展方式，将高质量发展作为新时代的根本要求。

　　高质量发展不仅要求经济在数量上持续增长，更强调质量和效益的提升，追求经济、社会、生态文明的全面协调可持续发展。在这一背景下，居民消费结构的升级成为高质量发展的直观体现。消费升级不仅推动了经济结构的优化升级，促进了经济增长方式的转变，更为高质量发展注入了强大动力。同时，经济发展的转型也为居民消费升级提供了有力支撑，使消费升级成为推动高质量发展的重要引擎。消费是经济增长的驱动力，是满足居民日常生活需求，提升生活品质和幸福感的重要环节。

　　为了推动居民消费提质升级，我国政府近年来制定并实施了一系列政策措施。从2019年国务院办公厅发布的《关于加快发展流通促进商业消费的意见》开始，政策重点逐渐聚焦于稳定消费预期、提振消费信心；到2020年，国家发展改革委等多部门联合推出的《近期扩内需促消费的工作方案》，明确提出了构建新发展格局、扩大内需以及以供给侧结构性改革为主线引领创造新需求的战略；再到2021年中央经济工作会议强调的坚持扩大内需战略基点，以及引导消费、储蓄与投资行为的具体方向；直至2022年中共中央、国务院印发的《扩大内需战略规划纲要（2022—2035）》，这份纲要不仅坚定了扩大内需的战略方向，还提出了全面推动消费增长、加速消费品质提升和更新的具体目标；2023年国家发展改革委发布的《关于恢复和扩大消费的措施》则进一步细化了六大领域的政策措施，旨在通过优化政策和制度，更有效地满足居民消费需求，激发市场消费潜力。这些政策举措的连续出台，不仅体现了国家对消费领域的重视，也彰显了促进消费提质升级、改善居民生活品质的坚定决心。

在数字化浪潮的席卷下，信息科技、互联网与大数据技术的融合创新，为金融服务领域注入了前所未有的活力，引领其实现了跨越式的发展。我国数字金融的崛起，正成为经济转型与创新的核心动力，不断推动经济向更高层次、更广领域迈进。数字金融技术在中国的应用范围不断扩大，包括电子支付、在线借贷、数字货币、区块链等领域。移动支付已成为日常生活的一部分，比如人们使用手机支付购物、交通等费用。在线借贷平台为小微企业和个体经营者提供了融资途径，推动了金融包容性的提升。另外，我国政府积极推动数字金融创新，提出了一系列政策措施来支持其发展。例如，央行已在多个城市推出数字人民币试点项目，推动数字货币的发展。区块链技术也受到重视，应用于供应链金融、溯源等领域。数字金融的蓬勃发展，不仅改变了人们的消费方式，改善了金融服务体验，更加强了居民获取信用和资金的能力。这使得消费者有能力尝试更高端、更高品质的商品和服务，进而推动了居民消费水平的提升和消费结构的优化。因此，深入探讨数字金融对居民消费结构升级的影响，具有重要意义。

本研究通过实证探讨数字金融对居民消费结构升级的影响，挖掘其影响机制，提出促进居民消费结构升级的路径，为促进居民消费结构升级提供新思路和新选择。本研究的内容主要分为以下五个部分：第一，详细阐述背景，回顾相关文献，为后续分析提供坚实的理论支撑；第二，界定数字金融与居民消费结构的基本概念，并全面梳理其发展历程与现状，为读者提供一个清晰的、全面的研究背景；第三，本研究将在梳理数字金融与居民消费结构的相关理论的基础上，深入分析数字金融对居民消费结构升级的影响机制，这一分析将为后续实证研究提供理论支撑；第四，本研究利用我国31个省、自治区、直辖市（不包含港澳台地区）2013—2022年的数据，实证分析数字金融发展对居民消费结构升级的影响；第五，本研究对研究结果进行总结和展望，提出相应的政策建议和发展方向。

本书各章编写人员为：第1章，赵晓阳；第2章和第3章，赵晓阳、温伟庭；第4章和第5章，赵晓阳、刘逸斐；第6章，赵晓阳。最后由赵晓阳、米国芳和海小辉对全书进行统稿和修改。

在撰写本书的过程中，得到了许多专家、学者的指导和帮助，在此表示衷心的感谢。由于作者学识、水平有限，书中难免有错误和疏漏，恳请各位读者批评指正，共同推动数字金融与居民消费结构升级的研究和实践。同时，感谢中国商务出版社编辑为本书出版付出的辛勤努力。

作　者
2024年6月

目　录

1 绪 论

1.1 研究背景及研究意义

1.1.1 研究背景

当前的国际经济形势正处于不断变化之中，受到全球范围内经济、政治、技术等多种因素的共同影响，经济全球化趋势发生微妙变化，一些国家重新审视全球化的利弊，提出保护主义政策，强调本国生产和制造的重要性；同时一些国家开始加速供应链的本地化或多元化，以提高韧性和可靠性，进而开始了供应链重构的讨论；随着数字技术的飞速发展，数字经济崛起成为国际经济的新动力，互联网、人工智能、区块链等技术正在改变产业结构、商业模式和消费方式，对国际贸易、金融、物流等产生深远的影响；地缘政治紧张局势干扰了国际经济合作和贸易，贸易摩擦、制裁等措施导致一些国家的贸易伙伴关系发生变化；可持续发展和绿色经济已成为国际经济议程的重要议题，国际社会对气候变化、环境保护的关切推动了绿色技术和绿色产业的发展；人口老龄化也是国际经济面临的挑战之一，许多发达国家劳动力市场的减少将促进创新和自动化；新兴市场国家的崛起正在改变国际经济格局，一些新兴市场国家在国际经济中的地位不断提升，这些国家的经济增长、市场规模和技术创新对国际经济格局产生了重要影响；国际金融市场的波动和不确定性也是国际经济变化中的重要因素，货币政策变化、资本流动、利率调整等都会影响全球金融稳定。当前的国际经济形势充满着变化和挑战，对我国的经济产生了重大的影响。

我国国内经济在这样的国际形势之下，也受到这些因素的冲击。2022年以来中国经济已经逐渐实现复苏，表现出较强的经济韧性。2022年的数据显示，全年国内生产总值增长3%，中国的经济增速稳步回升，经济正逐步恢复到正常状态。国家正在积极推动经济结构的调整，从出口和投资驱动型转变为内需驱动型。国家也在注重加强基础设施建设以及鼓励科技创新，加速优化和升级经济结构，为经济发展注入新动力。为了应对复杂多变的国际形势，2023年国务院政府工作报告强调了政府未来的工作重点，将致力于刺激国内消费需求，将恢复和提振消费作为首要任务，这一战略方向体现了政府对内需拉动经济增长的高度重视。

中国作为全球规模最大的消费市场，其消费行为对于国家经济增长起到了举足轻重的推动作用，消费已成为我国经济增长的关键动力之一。国家统计局发布的相关数据显示，2022年我国社会消费品零售总额439 733亿元，比上年下降0.2%，但最终消费支出对经济增长贡献率依然高达32.8%。虽然消费对GDP的贡献率持续多年处于较高水平，但是居民的消费率却连年下降，尤其近三年，我国居民消费率持续处于较低水平，分别为2020年37.8%、2021年38.2%、2022年37.2%。与经济发达国家以及亚洲平均水平相比，我国的居民消费率显著偏低，甚至不及某些经济发展相对落后的国家。回顾世界经济发展可见，强劲的内需是推动发达经济国家经济增长的重要因素。国内消费是内需驱动型经济发展的重要因素之一。

为促进居民消费的提质升级，我国陆续出台了一系列的政策措施。2019年国务院办公厅发布文件《国务院办公厅关于加快发展流通促进商业消费的意见》，该意见是为推动流通创新发展、优化消费环境、促进商业繁荣、激发国内消费潜力；为更好满足人民群众消费需求，促进国民经济持续健康发展，经国务院同意提出的。该意见体现了党中央、国务院对发展流通扩大消费的高度重视，提出了20条稳定消费预期、提振消费信心的政策措施。2020年，国家发展改革委联合多部门发布了《近期扩内需促消费的工作方案》，该方案指出，我国已经进入高质量发展阶段，要着力构建以国内大循环为主体、国内国际双循环相互促进的新发展格局，要着力扩大内需，要坚持以供给侧结构性改革为主线，围绕人民对更加美好生活的需要，以高质量供给引领创造新需求，着力夯实内需特别是消费提质升级。2021年中央经济工作会议强调，坚持扩大内需的战略基点，该会议强调，为有效促进消费增长并优化民众生活品质，需精心设计相关制度，以引导消费、储蓄与投资行为。在扩大消费规模的同时，还需关注民众生活质量的提升。此外，应有计划地解除某些行政性消费购买限制，以进一步挖掘县乡地区的消费潜能。2022年，中共中央、国务院印发了《扩大内需战略规划纲要（2022—2035）》，该纲要指出，坚定不移地推进扩大内需战略，并构建一个完整的内需体系，构建以国内大循环为主体，国内国际双循环相互促进的新格局，这不仅是加快构建新发展格局的必由之路，更是推动我国长期稳定发展、确保国家长治久安的重要战略抉择。该纲要提出了多方面的要求：全面推动消费增长，加速消费品质的提升和更新；优化投资组成，进一步拓宽投资领域；促进城乡区域的协调发展，进一步释放内需的潜在能力；同时，也强调了提高供给质量，以更好地满足和实现市场需求。经国务院办公厅批准，国家发展改革委于2023年颁布了《关于恢复和扩大消费的措施》，其中涵盖了六个领域，共计20项政策措施。该措施旨在通过改良政策和制度，更有效地满足居民的消费需求，并进一步激发市场的消费潜力。这些政策和措施的出台，不仅反映了国家对消费前所未有的重视，还凸显了促进消费规模扩大和提升质量，以改善居民生活水平的紧迫性和必要性。

数字金融是金融创新和科技进步的产物，数字金融的快速发展为居民消费结构升级带来了新的机会。数字金融成为数字经济时代最具活力的创新领域，在中国社会经济转型过程中，数字金融的崛起成为经济转型和创新的重要驱动力。数字金融技术在中国的应用范围不断扩大，包括电子支付、在线借贷、数字货币、区块链等领域。移动支付已成为日常生活的一部分，人们使用手机支付购物、交通等费用。在线借贷平台为小微企业和个体经营者提供了融资途径，推动了金融包容性的提升。我国政府积极推动数字金融创新，提出了一系列政策措施来支持其发展。例如，中国央行已在多个城市推出数字人民币试点项目，推动数字货币的发展。区块链技术也受到重视，应用于供应链金融、溯源等领域。数字金融的崛起也在一定程度上改变了人们的消费方式和金融服务体验，加强了居民获取信用和资金的能力，使得消费者有可能尝试更高端、高品质的商品和服务，从而成为推动居民消费水平，提升居民消费结构的新引擎。

因此，数字金融与居民消费之间的关系的研究，成为近年来的热点问题之一。

1.1.2　研究意义

研究数字金融对居民消费结构的影响具有重要的意义，它不仅关乎个人消费习惯的变革，还涉及整体经济和社会的发展。

首先，数字金融对居民消费影响的研究有助于深入了解消费者行为变化。随着移动支付、电子商务等数字金融技术的普及，人们的消费方式和购买决策正在发生重大变革。研究数字金融对居民消费的影响，可以揭示消费者选择背后的动机、偏好和心理，为企业和政策制定者提供更精准的市场预测和决策依据。其次，研究数字金融对居民消费的影响有助于优化金融服务。数字金融技术的发展使得金融服务更加便捷、个性化，有助于提升消费者的金融体验。通过深入研究，可以发现数字金融通过提供支付、投资、理财等方面的新服务，从而推动金融机构改进服务模式，更好地满足居民多样化的金融需求。再次，研究数字金融对居民消费影响能够揭示消费结构的变化趋势。数字金融技术的普及为新兴消费领域，如共享经济、在线教育、数字娱乐等提供了发展机会。通过分析这些新领域的消费行为，可以更好地把握未来消费趋势，指导产业升级和资源配置。最后，数字金融对居民消费的影响研究有助于促进可持续发展。数字金融技术可以推动绿色消费、普惠金融等可持续发展目标的实现。通过分析数字金融如何引导消费者在环保、健康、创新等方面的选择，可以为可持续发展战略提供有益的参考。

综上所述，研究数字金融对居民消费的影响对于深入了解消费者行为变化、优化金融服务、揭示消费结构的变化趋势以及促进可持续发展等方面都具有深远的意义。这一研究将有助于更好地把握经济和社会的变革趋势，为未来的发展路径提供指引。

1.2 研究内容及研究方法

1.2.1 研究内容

在国际经济环境全球化趋势趋缓、供应链重构、地缘政治局势紧张的外部环境及国内经济逐步复苏，经济结构从出口和投资驱动向内需驱动转型的内部环境的双重背景下，扩大国内消费需求，减少经济发展对外部市场的依赖，实现国家经济健康稳定发展增长具有重要意义。探寻扩大居民消费需求的有效政策，构建扩大居民消费需求的长效机制，实现经济增长方式向消费驱动转变，是政府与学界面临的重要任务。长期以来，我国居民的消费水平一直处于偏低状态。为了改善这种状况，需要寻求新的方法和策略，切实提升居民的消费能力，同时促进其消费结构的优化与升级。

数字金融对居民消费产生了广泛的影响。数字金融在支付领域的发展，对支付方式的创新，电子支付手段的应用，使得居民的消费不再受传统的现金支付的时间和空间限制，使消费者能够更加便捷地进行消费。而且，数字金融技术的兴起促进了电子商务的发展，为消费者提供了更多的选择，可能会对居民消费结构产生影响。此外，数字金融技术的应用，使得大数据可以介入消费领域，获取居民消费数据，这些数据分析使商家能够更好地了解消费者的购买习惯和需求，从而提供更加个性化的推荐和定制化的服务，增强了消费者的购物体验。与此同时，数字金融创新带来了多种金融产品，如消费分期、在线借贷、在线投资等，这些金融产品的出现，能够让消费者更便捷地管理财务，从而扩大居民消费范围。数字金融技术为共享经济提供了基础，通过在线平台，人们可以共享住宿、交通工具、技能等资源，降低了消费成本，促进了更多人的消费参与。消费金融也在数字金融的推动下得到发展，使消费者能够更灵活地获取信贷，刺激了居民的消费欲望。同时，数字金融技术使得在线教育和数字娱乐成为可能，改变了居民的消费方式和消费习惯。总之，数字金融通过改变支付方式、促进电子商务发展、改善消费者消费体验、扩大居民消费范围、改变居民消费方式等途径，可能对居民消费水平和居民消费结构产生影响。

数字金融在中国不同地区的发展呈现出明显的差异。东部地区作为我国的经济发达地区，数字金融的发展也相应走在前列。根据北京大学数字普惠金融指数，2020年我国东部地区的数字普惠金融指数为67.2，明显高于中部和西部地区。这得益于东部地区良好的经济基础、技术条件和人才资源。东部地区在数字金融覆盖广度、数字金融使用深度和普惠金融数字化程度方面都明显高于中部和西部地区，尤其是在数字金融使用深度方面，东部地区的指数为75.9，显示出东部地区在数字金融应用的深度和广度上都有显著优势。中部地区的数字金融发展相对东部地区来说较为滞后。2020年我国中部地区的数字普惠金融指数为54.6，低于东部地区。这可能与中部地区的经济基础、技术水平和人才储备相对较弱有关。随着国家对中部地区发展的重视和支持，以及数字技术的不断普及，中部地区的数字金融也在逐步迎头赶上。西部地区由于地理位置、经济发展水平和科技基础等方面的原因，数字金融的发展相对更为滞后。2020年我国西部地区的数字普惠金融指数为49.8，是三个地区中最低的。近年来随着国家对西部大开发战略的深入实施，以及数字技术的逐步普及，西部地区的数字金融也在逐步发展。特别是一些西部地区的大城市，如成都、重庆等，已经成为西部地区数字金融发展的头部城市。

基于此，本书将从以下三个方面研究数字金融对居民消费结构升级的影响。

第一，研究数字金融对居民消费结构的影响效应。也就是研究数字金融的发展能否显著促进居民消费结构升级。

第二，研究数字金融发展促进消费结构升级的内在机制。通过梳理影响居民消费结构的相关理论，结合数字金融特征，研究数字金融发展促进居民消费结构升级的内在机制。

第三，研究数字金融发展对东、中、西部居民消费结构的影响是否存在差异并分析存在影响差异的可能原因。

我国居民消费率长期不尽如人意，同时考虑到国内外经济双循环的复杂背景，研究数字金融对推动居民消费结构升级的具体作用，可以更深入地理解数字金融发展如何影响居民的消费行为，进而为推动国内消费需求、打造经济增长新引擎奠定理论基础。

1.2.2 研究方法

在全面收集并梳理了众多国内外关于数字金融与居民消费结构升级的文献资料后，本研究将采用定性分析与定量分析相融合的方法进行深入研究。具体而言，主要运用以下四种研究方法：

1.2.2.1 文献研究法

本书深入探索了三个核心领域的研究：数字金融的发展、居民消费结构的提升，以及数字金融如何影响居民消费架构的变迁。通过细致地剖析国内外现有的研究成果，本书对已有的学术观点和实证数据进行了详尽的综述和评价，揭示了现有研究的薄弱环节。以此为基础，展开更加深刻的探索与分析。

1.2.2.2 理论研究法

通过系统地整理和剖析金融与消费领域的经典理论，同时紧密结合我国数字金融的当前发展状况以及居民消费结构的演变，本研究旨在深入探讨数字金融对居民消费结构升级可能产生的影响因素及其作用机制。

1.2.2.3 实证研究法

利用我国31个省、自治区、直辖市（不包括港澳台地区）2013—2022年度省级面板数据，运用线性面板模型，实证分析数字金融如何赋能居民消费结构升级。首先，本书选取居民消费结构作为被解释变量，选取数字普惠金融指数作为地区数字金融发展水平，作为核心解释变量，并借鉴现有文献，采用经济发展水平、传统金融发展水平等作为控制变量，对数字金融对居民消费结构升级的影响进行了实证分析。其次，运用滞后一期变量的和代理变量的方式检验了模型的稳健性。最后，本书运用中介效应模型对收入效应、储蓄效应、保障效应进行了机制分析。

1.2.2.4　对比研究法

本研究将全国面板数据按照地理位置细分为东、中、西三个子样本，并分别进行分样本回归分析，通过对比这三个地区的数据结果，深入探究了数字金融对居民消费结构升级影响的地区异质性，揭示了不同地区在数字金融推动居民消费结构升级方面的差异。

1.3　框架及结构

本研究的研究动机源自我国数字金融的迅猛进步，这一发展为广大民众带来了广泛而普惠的金融服务。数字金融不仅从消费者的购买能力、购买意愿和消费习惯三个维度刺激了居民消费，同时也为实体经济提供了有力支撑，推动了创新和创业活动，从而实现了产品供给在数量和质量上的双重提升。数字金融的发展不仅显著提升了居民的消费水平，还推动了消费结构向更高层次、更多元化的方向转变。然而，需要指出的是，当前学术研究中对于数字金融如何精准影响居民消费行为，特别是居民消费结构变迁的探讨还相对薄弱。同时，关于数字金融对不同地区居民消费差异化影响的研究也亟待加强。鉴于此，本书运用双向固定效应模型，对数字金融如何具体作用于居民消费结构进行了深入的探究和分析，以及这种影响在不同地区居民之间存在的差异，同时在理论上和机制上进行了详尽的分析。具体的研究路径和结构布局概述如下：

第 1 章为绪论。本章开篇概述了我国居民消费率长期不振的背景，同时概述了近年来我国数字金融领域的显著进展。针对当前国情，提炼出了核心研究主题。简要介绍本书的研究内容以及采取的研究方法，在章节末尾，概括性地介绍了本书的研究路径、篇章布局以及逻辑框架图，同时指出了本研究可能的创新之处与存在的不足。

第 2 章为文献综述。本章对与数字金融发展、居民消费水平及消费结构变化相关的文献进行了全面而系统的综述。在分析数字金融发展状况时，深入整理并探讨了国内外学者在支付、保险、投资等数字金融不同领域的研究成果与进展。关于居民消费，学者则从不同维度充分探讨了影响我国居民消费的各种因素，并对长期低消费率的现象提出了多种解释。另外，本章还总结了数字金融发展对居民消费产生的各种影响的相关研究，为接下来的理论和机制探讨打下理论基础。

第3章为数字金融与居民消费结构现状分析。首先，本章通过梳理相关研究，对数字金融的概念进行了界定，并且介绍了数字金融的起源和发展，剖析了我国数字金融发展的现状。其次，通过研究前人的研究成果，对消费结构的概念进行了界定；采用学者郝祥如基于AIDS模型计算得到的居民各类消费的弹性，测度了我国31个省（区、市）的居民消费结构。同时，本研究还深入分析了我国当前的消费水平和消费结构状况。之后，对我国数字金融服务在居民消费领域的现状进行了详细的解读和剖析。

第4章为数字金融影响居民消费结构的理论分析。本章系统地梳理了经济学中与数字金融相关的理论框架，包括数字金融发展理论、数字金融长尾理论、数字金融排斥理论等，并融合了消费领域的核心理论，如收入决定消费理论、流动性约束理论、预防储蓄理论以及需求层次理论。以行为经济学对消费行为的独特视角为借鉴，本章深入分析了数字金融发展如何通过消费者需求侧和产品供给侧两个层面对居民消费结构产生深远影响。在消费者需求侧，数字金融的迅速崛起通过多种途径，如提高居民收入水平、缓解资金流动性限制以及减少生活不确定性等，有效激发了居民消费潜力，推动了消费结构的升级转型。在产品供给侧，数字金融为创新创业活动提供了强大支持，进而促进了居民消费结构的优化和提升。数字金融通过降低创业门槛、提供便捷融资等方式，为市场注入了更多活力和创新元素，丰富了消费产品的供给，满足了消费者日益多样化的需求。同时，考虑到我国东部、中部和西部地区经济结构的差异，本章探讨了数字金融发展对东部、中部和西部居民消费影响存在差异的深层次可能的原因。这种差异主要源于各地区居民在收入水平、消费习惯、金融素养以及数字金融普及程度等方面的不同，这些因素共同作用，导致了数字金融对各不同地区居民消费影响的不均衡现象。

第5章为数字金融发展对居民消费结构影响的实证分析。本章采用学者郝祥如基于AIDS模型计算得到的居民各类消费的弹性，进而测度得到我国31个省（区、市）的居民消费结构，结合数字普惠金融发展指数，实证分析了数字金融发展对居民消费结构升级的影响。首先，介绍本章中所使用的相关变量以及数据来源。其次，依据相应的数字金融发展水平、消费结构变量及控制变量，构建双向固定效应模型，实证分析数字金融发展对我国居民消费结构的影响，并探讨不同区域以及数字普惠金融指数分维度等因素的差异性影响。最后，用收入、保险、信贷等对其影响机制进行检验，并通过更换计量模型和时间段进行稳健型检验。

第6章为结论及建议。首先，对本书的主要研究结论进行了总结；其次，针对本书的相关研究结论提出了具体的政策建议。

因此，本书的研究思路与逻辑框架如图1.1所示。

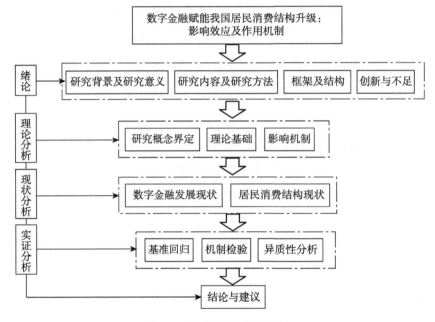

图1.1　研究思路与逻辑框架

1.4　创新与不足

1.4.1　创新

本研究的创新包括以下方面。

第一，在理论机制方面进行创新。本书对数字金融如何促进消费结构升级进行了全面系统的分析。从消费者需求侧出发，结合传统消费理论，引入行为经济学中的前景理论、心理账户和行为生命周期模型等概念，详细解释了数字金融如何通过影响个体行为来影响居民消费结构。同时，从产品供给侧出发，探讨了数字金融如何通过影响地区的创业和创新水平，增加有效供给，进一步促进居民消费结构的升级。

第二，研究内容方面有所创新。针对我国东部、中部和西部地区的经济结构背景，本书结合影响机制，深入分析了数字金融发展对各地区居民家庭消费影响的差异原因。这有助于更好地理解数字金融在不同地区的作用和影响。研究结果表明，数字金融发展通过提升居民收入水平可以促进居民家庭消费。这意味着数字金融的发展可以增加居民的收入水平，从而促进消费结构升级。数字金融发展通过缓解流动性约束，进一步促进了居民家庭消费。流动性约束是指消费者由于缺乏足够的流动性而无法进行某些消费，而数字金融的发展可以缓解这种约束，使消费者更容易获得所需的资金。同时，数字金融的发展还可以降低不确定性，使消费者更加信任和依赖数字金融产品和服务，从而增加消费意愿。本书还对我国东部、中部、西部不同地区居民的消费结构进行了异质性分析，这有助于更好地了解数字金融在不同地区的作用和影响。通过这种分析，可以更好地理解数字金融发展的差异性，为制定更加精准的政策提供依据。

1.4.2 不足

由于资源和条件的限制，本书的研究存在一些局限和不足。

第一，在选取衡量指标时，本书采用了北京大学发布的数字普惠金融发展指数作为数字金融发展指标，指标相对较为单一，这在一定程度上限制了实证分析的全面性和准确性。虽然很多研究引用了北京大学的数字普惠金融发展指数，但该指数主要基于蚂蚁金服的数据，并未充分涵盖其他金融科技企业和传统金融机构在数字金融领域的实践活动数据。未来的研究应致力于改进和完善数字金融发展的衡量指标，以更准确地展现我国数字金融的整体发展水平。

第二，尽管本书主要关注数字金融发展对居民消费的积极影响，但在理论机制分析中仅简单提及了其可能存在的负面影响。详细而言，线上消费平台（以移动支付为基础）以及"类信用卡"消费贷款和小额贷款，可能带来过度消费和过度负债的风险，这种风险可能进而影响到消费的持久性和消费者的消费能力。但是，鉴于收集相关负面影响数据的局限性，本书未能在实证分析中对其潜在的不利影响进行深入探讨。因此，未来的研究应进一步深入探讨数字金融发展对居民消费的负面影响，并寻找合适的方法和数据来验证这些影响。

第三，本书在研究数字普惠金融对居民消费升级的影响时，仅采用了省级层面的面板数据，并主要从宏观层面进行分析。然而，为了更全面地了解数字普惠金融对居民消费升级的影响，未来的研究可以将家庭的微观数据纳入模型，以从宏观数据与微观数据相融合的方式进行全面深入的综合研究。通过这种综合分析方法，可以更好地揭示数字普惠金融对居民消费升级的影响机制，并提供更准确的政策建议。

2　文献综述

2.1 数字金融相关研究

数字金融是指利用数字技术和互联网平台来开展金融业务的领域，其业务范围非常广泛，涵盖了许多不同的领域和服务。其中有些领域涵盖了多个与消费密切相关的业务，这些业务的产生主要是为消费者提供更为便捷、高效和个性化的金融服务和消费体验。

数字金融所开展的与消费相关的业务，主要有移动支付和电子钱包业务、在线信贷业务、在线投资业务、在线保险业务、数字普惠金融等。

移动支付和电子钱包业务的产生，使得消费者可以轻松实现线上、线下支付，摆脱现金或银行卡的束缚，突破传统购物时间和空间的限制，现在移动支付方式已经成为日常生活中最为常见的选择。

在线信贷业务的出现，使得消费者即使是在小额消费的情况下也能实现分期付款，这些业务的出现减轻了消费者一次性支付的负担，使消费者能够更灵活地管理资金。

在线投资业务的出现，线上金融推出了智能投顾和理财产品推荐等个性化理财建议，这些业务的出现能够帮助消费者更好地规划自己的财务管理，有可能在理财方面做出更明智的投资决策，改变消费者的消费心理。

在线保险业务又分为线上保险业务和线下保险业务。线上保险业务也是数字普惠金融所提供的服务之一，这项服务的出现增加了保险领域的便利性和安全性。线下保险业务的办理一般具有烦琐的流程和手续，同时消费者获取保险相关条款难度较大，线下保险业务办理效率较低，而且人们总是担心信息安全和隐私的问题，更为重要的是线下保险一般很少有优惠和折扣。而线上保险允许消费者随时随地通过互联网访问保险产品，保险业务办理流程简单、便捷、灵活，而且线上审批速度快、信息透明，线上保险平台通常会采取非常严格的安全保护措施，能够确保消费者的个人和财务信息得到安全有效的保护，同时相比较线下保险，线上保险通常会有一些力度较大的优惠和折扣。因此线上保险业务可能会影响居民消费的决策。

数字金融的主要优势之一在于促进了普惠金融的蓬勃发展。自2006年以来，中国政府持续致力于推进普惠金融的发展，通过实施多项举措，包括成立小额信贷公司、在金融机构内部成立专门的"普惠金融业务部"，以及在农村地区开展"两权"抵押贷款的试点工作等，以此来不断提升普惠金融的覆盖面和服务质量。这些举措不仅影响了普惠金融的发展，也对消费者的消费行为产生了影响。

数字金融的兴起在推动经济金融领域发展的同时，也引发了政策制定者和学者的广泛关注，因为它所带来的风险传染、溢出效应以及变革问题同样值得重视。一些学者对中国数字金融领域的潜在风险进行了调查，尤其是针对P2P平台进行了评估，并提出了在P2P监管框架方面的建议。

为了进一步了解数字金融业务的发展状况，本节将从数字金融在移动支付、在线信贷、数字保险、在线投资、数字普惠金融和金融风险与监管方面梳理文献。

2.1.1 数字金融在移动支付方面的研究

现代交易不断从基于现金的交易转向基于电子的交易。信息通信技术（ICT）无处不在的连接性极大地促进了金融业务市场及其运营的转型。数字化趋势和互联网的使用给全球经济的运作方式带来了重大变化。广泛的金融技术（FinTech）应用的出现使消费者能够超越传统的基于现金的支付系统。数字支付正在成为人们日常生活的常态。金融领域的这些快速发展导致了许多数字支付技术的发明，通过这些技术，付款人和收款人都使用数字应用程序来发送和接收资金。因此，支付系统正在迅速从基于硬币和基于纸币的货币转变为方便、快速和具有成本效益的数字支付形式。

数字支付是指通过数字或在线方式进行的交易，而无须实际交换现金。付款人和收款人都使用数字媒介进行交易。通过数字支付技术，数字支付服务成为可能。三种主要的数字支付技术模式为电子支付、卡支付和加密货币。

2.1.1.1 电子支付

电子支付通常被称为不涉及实物现金、银行汇票或支票的支付技术，交易通常通过使用互联网服务进行。它也可以指通过互联网自动交付给客户的银行产品和服务。电子支付技术又可分为在线支付和使用移动设备进行的移动支付技术。在线支付可以通过电子支付网站或使用如笔记本电脑、平板电脑或台式计算机的在线应用程序在线访问，而移动支付技术可以作为应用程序安装在移动设备上，并允许在购物时"点击支付"，通常使用NFC芯片。例如，中国的支付宝应用程序、微信支付程序、瑞典的Swish应用程序等仅适用于移动电话（如苹果手机、安卓手机），而不适用于笔记本电脑或台式计算机。移动支付作为新型的电子支付手段，应用广泛，这里主要介绍移动支付。

移动支付，作为一种新兴的支付方式，利用移动设备完成支付操作。它巧妙地融合互联网技术、便携终端和金融服务，构成一个高效便捷的支付系统。相较于现金、支票乃至借记卡等传统支付手段，移动支付不受时间和空间的限制，为人们使用金融工具提供了更低的门槛，从而能够广泛地服务于不同社会背景的人群。

中国是全球移动商务的领导者。当许多国家通过信用卡和借记卡从现金支付过渡到移动支付时，在中国，移动支付已经超越了借记卡和信用卡支付。在中国，人们似乎已经逐渐进入了一个无现金社会，只需要携带智能手机而不必再带着钱包外出。尽管移动支付的概念最早于1999年提出，但直到2011年才开始在中国大规模推广。2011年6月，中国人民银行授予了银联、银联商务、支付宝、财付通等第三方支付企业牌照，从而为这些第三方支付公司提供了法律地位，为移动支付的蓬勃发展奠定了坚实的基础。与此同时，中国的三大电信运营商（中国移动、中国联通、中国电信）也相继成立了移动支付子公司，积极参与移动支付产品的研发和推广。这一系列努力共同促成了一个完整的移动支付生态系统，包括手机银行和非银行第三方支付，为移动支付在中国的广泛应用做出了重要贡献。截至2016年底，移动支付用户数量已达6亿人；2018年，移动支付占中国所有支付的83%；根据iiMedia Research的数据，截至2019年上半年，中国移动支付交易规模已达惊人的166.1万亿元，这些数字清晰地反映了中国移动支付的巨大成功和普及。目前，92%的中国人使用微信支付或阿里支付作为主要支付手段。

除了政府、电信运营商和第三方支付企业为推动消费者采用移动支付所做的努力外，金融技术的不断进步也在中国移动支付的发展中发挥了至关重要的作用。首先，自2014年以来，二维码技术的广泛应用加速了移动支付的普及。二维码使支付过程更加便捷和安全，为中国的移动支付市场注入了新的活力。支付宝、微信支付等非银行移动支付工具借助二维码技术的优势，逐渐超越了移动银行支付，成为中国移动支付市场的主要推动力。2013年，中国移动支付市场的交易额仅为9.6万亿元，但在2014年增长了135.42%，2015年更是迎来了爆炸式增长，达到了108.2万亿元。2017年，中国人民银行的统计数据显示，中国移动支付用户数量已达5.65亿人，总交易额超过了200万亿元。其次，中国移动支付的快速普及还受益于智能手机普及率的提高、4G网络的普及，以及网上购物的规模化。特别是网购的兴起为扩大中国移动支付市场提供了有力支持。电商平台通过各种促销活动、购物补贴，甚至购物嘉年华等方式推动销售，如双11购物狂欢节、618购物狂欢节等，通过移动支付逐渐培养了消费者的消费习惯。最后，各种移动支付方式的增加，如指纹支付、无人超市、扫脸支付、虹膜支付等，使得移动支付变得更加便捷、高效和安全。这些技术创新进一步提升了移动支付的用户体验，促使更多人采用移动支付。

如今在中国，移动支付已经成为集购物、外卖、社交、理财、生活费用、交通费用于一体的多功能应用工具。移动支付带来了新支付革命。移动支付的可用性和采用程度影响着人们的网购决策，而网购决策又决定着他们的家庭网购支出。移动支付通过两大渠道与家庭网购支出相关，即为消费者提供便利并节约其成本。

首先，网上购物的便利性吸引人们使用移动支付，进而影响他们的网上购物支出。根据技术接受模型（TAM），人们采用移动支付技术是基于他们对使用这些技术有多容易以及它们可能有多有益的看法。由于移动支付平台促进了电子商务，两者存在共生关系。与其他支付方式相比，移动支付平台往往与许多在线购物平台和应用程序相链接。在中国，人们大多使用天猫、京东、拼多多、唯品会和淘宝等。消费者可以随时随地在线下单和支付账单。连接在线购物和移动支付的"切换"功能，因为人们可以很容易地支付其他家庭成员的网上订单，例如只需使用共享的二维码即可实现代为付款的购物行为，使人们可以节省时间和精力使用快捷结账，从而激励他们为自己和家人在网上购物。

其次，使用移动支付能够大幅减少交易成本，由此提高了网上购物对于移动支付用户的吸引力。用户基于成本效益的原则，在选择是否采用新技术时，会深思熟虑所付出的各类成本（含经济投入与个人努力）与可能获得的潜在回报。这样的成本与回报之间的权衡，深刻影响着用户对技术的整体评价，并最终影响其采用决策。目前，可以观察到移动支付服务商与在线购物平台之间的深度合作，这种合作旨在为用户在网络购物环境中提供更加出色的体验。同时，在线购物和移动支付平台还联手通过提供现金回馈、价格优惠及购物券等促销手段，共同增强对消费者的吸引力、加强消费者对在线购物的忠诚度。因此，使用移动支付为客户提供了从一系列优惠和折扣中受益的机会，否则他们将无法获得这些优惠和折扣。

移动支付可以从以下三个方面降低交易成本。第一，与传统金融机构相比，移动支付利用互联网技术，利用电子货币实现支付、转账等功能，简化了交易流程，使金融服务更加方便。因此，移动支付的包容性弥补了消费者在使用金融消费工具方面的不足。第二，移动支付可以综合利用传统和新型金融工具，提高了支付结算的效率，降低了商家的交易成本。第三，移动支付突破了线下支付的物理限制，通过网络实现在线远程支付，扩大了家庭的消费范围，提高了信息获取能力，节约了交通和时间成本。例如，支付宝作为一个流行的移动支付工具，已经与商家联合进行营销活动，以使消费者受益。综上所述，移动支付具有包容性，为中国家庭提供了一种更加便捷的支付模式。它降低了金融消费门槛和交易成本，弥补了传统金融消费工具的不足，为农村消费注入了活力。

再次，移动支付可以缓解家庭流动性约束问题。导致消费不足的重要原因之一是流动性约束。由于金融机构设置的高壁垒和居民对支付方式的认识不足，中国居民可能存在着较为严重的金融排斥问题。而居民的流动性约束，从根本上限制了居民的消费。移动支付可以从两个方面缓解流动性约束。一方面，微信Pay和支付宝推出了基于移动支付的小额贷款服务，比信用卡和银行消费信贷更加灵活。移动支付对使用对象没有限制，阈值更低，应用程序过程更简单。总之，移动支付弥补了传统金融工具的不足，为居民提供了更方便、更可行的小额贷款方式，最终缓解了居民的流动性约束。另一方面，移动支付有利于居民家庭增加收入，包括家庭财务收入和创业收入。例如，由于大多数移动支付工具提供了多样化的理财功能，居民可以将其闲置资金进行投资，获得家庭理财收入。再如，移动支付工具所包含的信息传递、信用、社交等功能可以激发居民的创业热情，帮助他们获得更多的创业收入。

最后，移动支付等非现金支付方式可以给消费者带来与现金支付不同的心理体验。具体来说，现金支付和移动支付具有相同的实际成本，但移动支付造成的心理损失远低于现金支付。这种现象归因于心理会计效应。与经济核算不同，心理核算中每个货币单位所产生的心理利益或损失并不一致，是因环境、态度和支付方式而异。当用现金支付时，消费者需要从钱包中提取现金，整个过程的参与性令人印象深刻，导致了更严重的精神账户的损失。相比之下，使用电子货币支付时，不存在现金损失过程。在这方面，对于消费者来说，精神账户的损失是非常轻微的。由于心理会计效应，移动支付产生的消费对消费者来说痛苦会更少，更容易被接受，更享受。因此，移动支付有希望能够刺激居民消费。

现有文献发现，金融知识水平高的个人在参与金融市场、承担风险和增加家庭收入方面具有优势。由于缺乏财务知识，人们在消费时可能无法做出最佳选择，甚至在消费和债务方面变得非理性。因此，他们不得不花费更多的时间和精力在消费和储蓄之间做出跨期选择。移动支付作为过去几年最重要的革命之一，得益于中国互联网的发展和大数据技术的不断进步。移动支付与其他数字金融方式类似，依托高效便捷的移动互联网，可以向居民传播更多、更高水平的金融知识，缓解信息不对称，帮助居民做出更好的消费决策。与传统金融机构相比，支付宝、微信Pay等移动支付工具的沟通方式可能更加多样化和可视化。更重要的是，移动支付可以通过大数据分析用户特征和金融行为，实现金融知识的精准传播。因此，期望通过金融知识水平的提高，促进居民家庭消费。

移动支付为社会弱势群体扩大消费提供了强有力的支持，降低了交易成本，并有效地弥补了传统金融机构的不足。因此，移动支付可以帮助一些国家缓解家庭消费低的问题。

2.1.1.2　卡支付

数字支付还包括卡支付技术，借记卡和信用卡支付。借记卡可以在线上和线下使用，线下使用时包括近场通信（NFC）芯片的使用。使用NFC的非接触式支付实现了两个电子设备之间的短距离连接。这种非接触式支付由于其方便、快速和可靠而变得越来越受欢迎。

卡支付是由银行和其他金融机构为其客户提供的数字支付技术服务方式之一。与其他类别，如电子支付、移动支付和加密货币相比，卡支付是一种更传统的支付方式。持卡人可以通过使用银行卡来访问其银行账户，并在线或通过POS机进行支付。所有的卡支付技术都被认为是便捷的支付方式。然而，它们之间存在一些关键区别。借记卡允许持卡人使用之前存入银行的存款进行支付，而信用卡则允许持卡人通过从卡服务提供商那里取出一定金额的资金来花或从ATM机取款。预付卡是在不携带现金时支付物品的便捷方式。预付卡是一种带有预存资金的卡，因此可以使用该卡支付高达该金额的费用。预付卡的工作原理类似于借记卡，但不同之处在于不需要银行账户来获得预付卡。

Dimitrova等人研究表明数字支付技术的使用，如卡支付交易，在日常支付过程中不断增加。同样，Pizzol等人研究了丹麦，那里的大多数支付使用信用卡。在他们的研究中，卡支付数据被用来确定消费者支出和消费模式的环境足迹。卡支付还对经济产生了重要影响。Ravikumar等人确认，从2008年到2012年，通过卡支付为56个国家的国内生产总值增加了9 830亿美元，平均增加了0.7%的消费总额。

2.1.1.3 加密货币

加密货币是另一种形式的新兴数字支付技术。加密货币是一种通过加密技术保障安全性的数字货币形式，几乎不可能伪造或双重支付。大多数加密货币是基于区块链技术的分散网络，并受到加密技术的保护。例如，基于区块链的加密货币"比特币"有可能通过创建一个无费用的自由流动交易系统来彻底改变数字金融市场。这些研究主要集中在美国、欧盟、俄罗斯等国家和地区。研究的加密货币包括比特币、Digicash、DCC币、基于身份的盲签名方案以及其他基于区块链的加密货币。例如，比特币作为新兴的数字支付技术，在金融市场上具有革命性意义。它作为一个点对点支付系统，结合了现代密码学和通信技术，可以满足去中心化、货币供应控制、估算流通中的货币数量以及减少通货膨胀的需求。

数字货币已深入渗透至传统货币市场、资本市场资金流转及托管服务等多个金融领域，这不仅强化了金融行业的信用与支付功能，更预示着对现有金融体系的重塑。其去中心化的特性，有可能对既有的中心化支付网络、信用评估框架、金融媒介以及监管体系带来前所未有的冲击，甚至开启全新的商业与监管篇章。尽管数字货币承载着价值，支持数据驱动的交易，并拥有多样化的功能，但其是否具备法定货币的属性在学术界仍存在争议。一些学者对其法定货币地位持保留态度，而另一些学者则视数字货币为潜在的法定货币替代品，这种差异性的观点反映了数字货币在货币体系中的复杂地位及其未来发展的不确定性。

近年来，数字货币的兴起，特别是以比特币为代表的去中心化数字货币，对全球金融体系产生了深远影响。这种新型的货币形式不仅引起了公众的广泛关注，也激发了中央银行对数字货币领域的浓厚兴趣。在此背景下，越来越多的中央银行开始探索将法定货币数字化的可能性，并着手研发央行数字货币。与去中心化的数字货币相比，央行数字货币在设计理念上存在显著差异。央行数字货币的核心优势在于其能够提高货币的流通性，更好地保护公众隐私，同时增强货币政策的执行效率和灵活性。此外，央行数字货币还有助于维护经济和金融的稳定，降低系统性风险。随着法定货币数字化的推进，商业银行可能将面临战略性的转型。为了适应这一变革，商业银行可能会增加线上服务，减少实体网点的数量，以提高服务效率和降低成本。同时，对金融大数据分析人才的需求也将不断增加，以更好地应对数字化时代带来的挑战。值得一提的是，央行数字货币的实施还有助于实现负利率政策，这将为货币政策提供更多的灵活性。此外，央行数字货币还能降低行政成本，并加强对商业银行的有效监管，从而提升整个金融体系的稳健性。

尽管央行数字货币显示出其潜在的效用，但其有效性和安全性尚需通过更多的实践和试验来进一步确认。重要的是，央行数字货币的引入并不会对货币政策的根本机制进行颠覆性的改变。然而，数字货币的兴起也带来了新的风险挑战，包括但不限于欺诈、洗钱、网络犯罪以及恐怖主义活动。在缺乏有效的"技术监管"机制之前，数字货币难以完全替代现行的法定货币。综上所述，法定货币的数字化趋势正在塑造金融体系的未来，这一变革对于中央银行、商业银行以及金融行业的专业人士而言，都是必须高度关注和积极应对的重要议题。

2.1.2 数字金融在在线信贷方面的研究

数字技术在信贷领域的广泛应用，引发了一场被称为数字信贷的革命性变革。数字金融与传统的金融体系深度融合，为有潜力的企业创造了更多的融资机会，从而推动了银行业和企业的创新。随着数字金融服务需求的急剧增长，尤其是在当前我国经济恢复发展的关键时期，数字贷款的重要性越发凸显。数字信贷产品充分利用传统和替代金融以及非金融数据，为家庭和各类规模的企业提供了更广泛的金融准入途径。

数字金融不断改变传统金融市场格局，给商业银行信贷、金融服务平台信贷及居民家庭信贷方面都带来了影响，以下从上述三个方面进行相关文献的梳理。

2.1.2.1 数字金融对商业银行信贷业务的影响

在一项研究中，基于企业行为理论和新制度理论，王诗卉和谢绚丽（2021）分析了157家商业银行的从2010年到2018年的数据。他们研究发现，数字金融的发展对银行的管理以及银行金融产品数字化创新方面具有正向的积极的影响作用，并且数字金融发展通过缓解经济压力渠道实现对银行产品的创新作用，通过缓解社会压力渠道实现对银行管理和银行产品的创新作用。王馨（2015）认为数字金融由于其数字特性极大地降低了融资的成本，进而改善了小微企业的贷款方式，缓解了小微企业贷款难的问题。盛天翔和范从来（2020）建立了与银行小微企业信贷业务相关的各省的金融科技发展水平指数，并基于2011—2018年的省级面板数据，研究了数字金融、银行业市场结构和小微企业信贷供给之间的关系。研究结果表明，对于整个银行体系来说，数字金融在推动银行小微企业信贷供给方面具有正向的作用，并且对于优化银行业的市场结构也产生了显著的影响，同时还发现银行业市场结构的适度竞争对小微企业信贷供给有积极作用。陈廉等的研究则表明由于数字金融技术的运用，提高了商业银行向中小企业发放贷款的意愿，同时也有效降低了中小企业贷款的成本，进而促进了银行信贷业务的发展。而王相宁、黄国平等人的研究也表明，数字金融的发展有效降低了金融服务的成本，能够通过缓解信息不对称问题，显著改善中小企业融资难的问题，进而提高了商业银行信贷服务的效率，推动小微企业的融资。陈永良和凌爱凡（2023）收集了2011—2018年的来自25个省份、205个地级市、84家商业银行及其1326家地级市分行的年末贷款余额数据，将之与该地级市的数字金融发展水平相匹配，以探究数字金融发展对银行信贷的影响。研究结果显示，数字金融对商业银行信贷增长产生了两方面的作用。一方面，数字金融通过其溢出效应推动了信贷增长；另一方面，由于其挤出效应，数字金融又在一定程度上抑制了信贷增长。概括地说，随着数字金融覆盖面的扩大，银行贷款的总额会有所增加。然而，当数字金融的使用变得更加深入时，银行贷款的总额却会相应减少。此外，研究还发现数字金融对商业银行信贷的影响会因地区和银行特性的不同而有所差异。在东部地区，由于经济相对发达，数字金融对商业银行信贷增长的推动作用并不明显。相反地，在中部和西部地区，数字金融可能会进一步拉大信贷的差距。这些发现揭示了数字金融与商业银行信贷之间复杂而多变的关系。在分支机构众多的银行中，数字金融的挤出效应显著增强，而溢出效应相对较弱，更为深入的研究结果表明，知识溢出和经济溢出是推动溢出效应的关键因素，它们通过促进信息传播和经济活动的扩散，为信贷增长提供了有利条件。然而，挤出效应随着电子商务的快速发展而加强，同时电子商务的发展对信贷增长产生了一定的制约作用。这一发现为理解数字金融与商业银行信贷之间的复杂关系提供了新的视角。

随着数字金融对金融市场的影响逐渐加深，关于数字金融如何影响货币政策通过银行信贷渠道的传导，相关研究正在不断深入。在研究电子货币对中央银行货币政策有效性的影响方面，Owen和Fogelstrom（2005）强调，由于电子货币的制约作用，中央银行在货币政策的制定与执行过程中，必须充分考虑数字金融的发展动态。战明华等（2018）的研究揭示了一个重要发现：金融市场的摩擦程度与货币政策通过银行信贷渠道的效应之间存在着正相关关系。该研究还深入探讨了互联网金融的发展对货币政策通过银行信贷渠道产生的影响。研究结果发现互联网金融的发展缓解了借贷双方的信息不对称程度，促进了金融产品和金融工具的创新，金融市场中的金融摩擦得到缓解，从而在整体上减弱了货币政策通过银行信贷渠道的传导效力。另外，胡金焱和水兵兵（2019）在探讨正规金融与非正规金融的互动关系时，创新性地将货币政策的影响范围从传统的商业银行领域扩展到P2P网络信贷市场。

他们深入分析了货币政策如何作用于P2P网络借贷市场,并揭示了其中的影响机制。研究结果显示,通过商业银行的中介效应,货币政策的调整对P2P网络借贷市场的利率水平以及市场的异质性均产生了显著的影响。此外,贾丽平等(2019)的研究表明,M2货币供应量的不可观测性和不可控性,削弱了数量型中介目标的有效性,造成这一结果的原因是中央银行对电子货币发行权不具有垄断性,导致现金流失和存款准备金率下降。Chen等(2018)的研究表明,调整家庭资产投资结构与监管套利手段将会相互配合以抵御货币政策紧缩带来的影响,银行信贷渠道的传导效应因此会进一步被减弱。最后,战明华等(2020)利用IS-LM-CC模型,研究了数字金融影响货币政策的传导渠道,结果表明数字金融通过利率和信贷两个传导渠道影响货币政策,数字金融在增强利率渠道效应方面的作用,相较于其对信贷渠道的削弱效果更为显著。深入分析其微观机制,发现数字金融的蓬勃发展主要优化了银行外部融资市场环境,而对于企业外部融资市场的改进影响则相对较小。

随着数字金融的迅速崛起,其发展过程中也带来了一系列挑战和风险。一方面,数字金融技术的广泛应用使得银行信贷业务的处理更加高效和便捷,为银行带来了更多的业务机会和收入来源。另一方面,数字金融的发展也给银行信贷带来了诸多风险和挑战。例如,由于缺乏完善的监管机制和风险控制措施,一些不良贷款和违约风险逐渐暴露出来,给银行的资产质量和经营稳定性带来了威胁。因此,一些学者不断聚焦于数字金融对银行信贷风险的探讨,旨在深入了解数字金融的风险特征和影响机制,并寻求有效的风险管理和控制策略,以保障银行信贷业务的健康和可持续发展。有些研究认为数字金融的发展提高了商业银行信贷的风险,如Naili指出由于激烈的市场竞争使得银行投入较大的精力进行银行的经营管理,从而导致对于银行风险管控和内部控制管理的投入相对较少,从而使得银行产生较大的信贷风险。Hellmann(2000)的研究表明,数字金融的发展加剧了银行之间的竞争。银行原本的经营优势可能会随着市场竞争的日益激烈而逐渐减弱,导致其收入水平下降。为了提高盈利能力,部分银行或许会考虑投资高风险资产,然而,这样的策略选择可能会加剧银行所承担的风险。Roger(2014)在研究中表明,数字金融的发展,使得商业银行引进互联网等数字技术,这些先进技术的应用推动银行更新其经营理念,优化其服务方式,为商业银行的发展带来了新的机遇。然而,由于早期数字金融发展没有得到有效的监管,一些不规范行为,如期限错配和信用滥用,也给银行带来了巨大的风险,并对宏观经济和银行业的健康发展造成了障碍。戴国强和方鹏飞(2014)认为数字金融的发展,加剧了市场竞争,导致商业银行的资金成本有所上升；而邱晗和黄益平等（2018）则指出在面临资金成本上升的情况下，商业银行可能会调整风险偏好，选择收益率更高但风险也较大的资产来弥补成本的增加。这种策略可能导致银行的风险激励增加。

另一些研究则发现数字金融的发展可以减少商业银行风险的产生。Lapavitsas（2009）指出数字金融通过将云计算和先进的网络信息技术融入商业银行的日常运营中，为银行搭建了更加高效和畅通的信息流通渠道，有效地打破了长久以来的信息孤岛现象。数字金融这一变革显著改善了银行因信息不对称而面临的高风险状况。Guihong（2020）指出，数字金融企业通过率先发展，利用数据库和云计算等技术，成功地为商业银行带来了新的客户，同时推动了数字金融产品和云计算等技术的普及，为商业银行树立了榜样。而这种技术的广泛应用，又促使商业银行在管理和业务层面进行创新，进而提高了其经营效率。从另一角度看，商业银行也为数字金融企业提供了便捷的清算和结算服务，双方的合作形成了互利共赢的关系。通过双方的互利合作和信息共享，双方的运营能力得到了共同提升，减弱了风险转移的驱动力，进而减少了自身的风险承担。Lapavitsas和Santos（2008）的研究揭示，技术进步和创新浪潮的出现得益于数字金融的推动，这不仅强化了银行的风险管理能力，还有效降低了银行所面临的风险。此外，信息不对称现象也因此而有所减少。Delis（2011）则发现数字金融的发展使得银行评估风险控制的模型大量产生、控制银行信贷风险的工具日渐增多，进而推动了银行对于信贷风险控制的能力，商业银行信贷风险进而得以降低。Lianto（2012）的研究揭示，贷款申请者的财务状况直接影响着银行的信贷风险，银行可以借助数字技术通过了解贷款人的财务状况进而控制是否发放贷款，从而控制银行信贷风险；同时Joaquín Maudos（2017）也持有相似的观点，指出企业的财务状况也与银行不良贷款风险具有直接关系，借助数字技术可以通过获得企业的真实财务信息进而有效缓解融资过程中对于贷款企业的逆向选择，从而控制银行信贷风险。在微观层面对银行异质性的研究上，郭品和沈悦（2019）关注了银行属性的影响，而吴桐桐和王仁曾（2021）关注了银行规模的异质影响。刘忠璐和林章悦（2016）认为数字金融通过提高商业银行的经营管理水平和效率，有助于降低银行的破产风险。王亚君等（2016）则认为从长远的角度看，数字金融的发展可能会增加银行的流动性风险。然而，在数字金融发展的初期阶段，它提升了银行的吸收储蓄能力，从而提高了银行的流动性。张正平和刘云华（2020）则通过对农村商业银行的深入研究，获得了实证数据，表明商业银行可以通过提升内部管理效率来有效地降低银行风险。

2.1.2.2 数字金融对金融服务平台信贷业务的影响

由地方政府牵头创建的数字金融服务平台，主要服务于中小微企业，为其提供公平的网络信息环境。2014年，台州市金融服务信用信息共享平台作为首个数字化综合金融服务平台在地方政府的鼎力支持之下应运而生。该平台在2015年迎来了苏州综合金融服务平台的建设，由苏州市政府金融办主持建设。这些平台运用大数据统计分析、互联网云计算等技术，有效地整合了信贷数据与非信贷数据，为银行和企业提供各种金融服务，使得银行之间能够实现信息共享，及时为银行和企业进行风险预警服务，同时还为解决中小微企业的融资难题提供了强有力的支持。继台州和苏州成功搭建平台之后，北京、深圳、重庆、南京、杭州、长沙等多个城市也紧随其后，着手构建各自的数字金融服务平台。这一系列的举措为我国数字金融服务的全面发展注入了新的动力，推动了该领域的持续进步。数字金融服务平台之所以能取得引人注目的成就，主要是因为它们采取了一种独特的运营模式。该模式通过巧妙地结合信用信息、数字科技和普惠金融这三大核心要素，成功地攻克了银行信贷投放过程中的关键问题。通过这种运营模式，平台能够利用大数据和云计算等技术，提供全面、精准的信用评估服务，并为企业和银行搭建起有效的信贷匹配桥梁。这不仅推动了银行信贷服务的数字化转型，而且为解决中小微企业的融资难题提供了有力的支持。这种模式的成功实践，使得越来越多的城市开始筹建自己的数字金融服务平台，进一步推动了我国数字金融服务的全面发展。尽管这些平台在名称上存在差异，然而这些平台的核心业务都是建立在大数据和云计算等先进数字技术的基础之上的，它们为银行机构和企业提供准确的信用评估与高效的信贷匹配服务。这种服务模式有效地构建了一个跨界金融服务生态系统，将政府、银行和企业紧密地联系在一起。数字金融服务平台在地方政府的引领下，在我国社会信用体系的构建过程中扮演着举足轻重的角色，成为推动传统银行数字化转型、化解融资困境以及促进银行信贷业务的有力工具。

数字金融服务平台通过两大核心模式助力银行信贷：第一，分析整理各大企业的信用数据，为金融机构以及有需求的企业提供全面的信用服务；第二，运用云计算和大数据技术，精准匹配银行推出的信贷产品与各企业的需求。这两大核心模式对银行信贷产生的积极影响的途径如下。

第一，数字金融服务平台通过大数据和云计算等技术，有效地缓解了信贷供应与需求之间的信息不对称问题。Djankov等（2007）和龙海明（2017）的研究均指出，在市场经济活动中，供给与需求双方在数据和质量上出现不匹配的主要原因是信息不对称，这也是信贷投放过程中的一大挑战。中小企业信贷困境通常是由中小企业与金融机构、地方政府之间存在信息不对称造成的。中国人民银行研究局课题组（2021）的研究指出，中小企业对金融机构推出的金融产品了解有限，同时金融机构也常面临难以全面获悉中小企业实际经营状态和市场信用记录等核心信息的困境。中小企业对各地政府制定的融资政策了解程度参差不齐，而这些政策也可能并不完全符合中小企业的真实需求。针对上述问题，数字金融服务平台构建了全面的企业信用档案，整合了分散于各部门、金融机构以及企事业单位的企业与个人信用信息，设立了信用信息共享机制。同时，该平台实现了行业信息、融资产品、政策法规、监管信息等数据库的互联互通，有助于降低信息不对称，促进银行信贷发放。这一模式不仅提高了信贷投放的准确性和效率，降低了信贷风险，还为企业提供了更多融资机会，推动了中小企业的健康发展。

第二，数字金融服务平台在降低交易成本的同时，也显著提升了金融服务的效率，从而在银行信贷投放方面起到了举足轻重的作用。这种平台利用数字化手段优化流程，不仅减少了银行在信贷过程中的运营成本，还加快了金融服务的响应速度，对银行信贷业务的开展影响深远。曾光辉（2021）和王馨（2015）指出交易成本指的是市场主体在参与经济活动过程中，因获取市场信息、进行沟通协调、寻求决策建议以及实施监督管理而产生的各类费用。企业在贷款过程中所面临的交易成本，主要包含两个阶段：一是在筹备贷款时，为寻找匹配的金融机构和产品而产生的搜寻成本；二是在贷款申请及资金到位之后，为配合银行的各项检查与核实所产生的履约成本。金融机构信贷业务的交易成本则包括尽职调查成本、管理和检查成本以及风险防控成本。尽职调查成本是指在贷款发放前对借款人信息的全面收集和审核所产生的费用，管理和检查成本是指在贷款期间对资金使用的持续监控和管理的成本，风险防控成本是指贷款到期后对合同履行情况的监管以及对潜在违约风险的防控成本。

第三，数字金融服务平台的构建有效地拓宽了金融服务的覆盖范围，从而对银行信贷业务产生了正面效应。银行分支机构数量在经济欠发达地区相对较少，数字金融服务平台的推出改变了这一现状。互联网等数字技术的普及，打破了时空的限制，使得各企业、个体商户等金融需求方以微乎其微的成本获取咨询信息，极大地减少了搜寻成本。因此，数字金融服务平台显著提升了金融服务的可获取性，为经济欠发达地区的金融融资规模不足的问题提供了解决方案，从而进一步拓展了银行金融服务的辐射范围。

第四，数字金融服务平台通过塑造诚信社会环境推动银行信贷业务的良性发展。研究表明，社会信用环境的质量直接影响到金融机构的信贷决策。余泳泽等（2020）、钱水土和吴卫华（2020）的研究表明，在整体社会信用状况低迷的背景下，大企业由于其良好的信用记录成为金融机构授贷的首选，而小微企业需要付出更高的成本获取贷款，中小微企业的融资通路变得狭窄，这种限制会对地区的信贷总额和资金的有效分配造成负面影响。然而，数字金融服务平台的出现改变了这一局面。该平台为企业和金融机构提供了一个查询企业在环保、纳税、社保、水电煤缴费及行政处罚等方面信用状况的平台。这有助于形成一个公开、透明的诚信奖惩制度，推动中小微企业更加注重诚信守法经营。随着时间的推移，这有助于改善整体社会信用环境，促进银行贷款的发放，为经济发展提供更大支持。

2.1.2.3 数字金融对居民家庭信贷业务的影响

满足居民家庭信贷需求对消费、收入和金融资产配置均产生正面效应，因而在家庭金融领域的研究中占有举足轻重的地位。学术界尤其关注如何准确识别正规信贷需求这一核心议题。许多学者对此进行了研究。Jappelli等（1994）认为金融机构拒绝贷款申请不能完全代表信贷约束；刘西川等（2014）将信贷需求细分为有效、潜在和隐蔽需求；傅秋子等（2018）根据资金用途分为生产性和消费性正规信贷需求。影响家庭信贷需求的因素有户主特征、家庭特征和区域环境条件。受教育水平越高、金融知识水平越高的群体申请正规信贷成功的可能性越大（吴雨 等，2016年）；家庭借贷活动受到居民对风险所持的态度影响，研究表明具有风险偏好家庭群体由于掌握更多的金融知识，增加借贷的可能性越大（赵青，2018）。家庭从业特征、家庭人口规模也对家庭信贷具有影响，研究发现从事经营活动的家庭、人口规模加大的家庭对信贷需求较大（刘西川 等，2014）。区域环境对家庭信贷也产生了较大影响。农村地区由于金融机构数量较少、农户对于金融知识的匮乏等多方面的原因造成了农村地区信息不对称问题突出，导致农村家庭面临严重信贷约束（严太华 等，2015）。而其他一些研究则发现农村家庭获得农业补贴能提升农户获得正规信贷的可能性（刘勇 等，2018）。区域金融的发展对于减轻信贷限制、降低居民对民间借贷的依赖、减少信息不对称起到积极的作用，进而提高了正规信贷覆盖范围（宋龙杰，2020）。

家庭信贷需求的研究已经取得了许多有启发性的成果，特别是近年来数字经济的迅猛发展，数字金融和互联网金融也对家庭信贷需求产生了重大的影响。傅秋子等（2018）的研究显示，数字金融的迅猛发展显著提升了农村居民获取金融服务的便利性，缩减了信息获取成本，从而使贫困人群能够更轻松地接触到信息和相关服务。根据信贷需求的动因，可以将居民信贷需求划分为消费性和生产性两大类。数字金融不仅减少了居民因生产性原因而产生的信贷需求，同时也激发了他们的消费性信贷需求。潘爽等（2020）指出，农村地区由于金融机构的覆盖面有限以及居民金融知识匮乏等原因，使得农村居民相比城镇居民受到更多的信贷限制。他们还发现，在农村对农村家庭普及宣传数字金融产品，对减轻信贷限制问题至关重要，因为这有助于刺激农村家庭的信贷需求。杨波等（2020）的研究表明，云计算数字技术、大数据金融服务平台的建立使得金融机构能够获取大量客户信息，数字金融依据这些信息可以精确客户需求与银行信贷产品，更加有效地为居民提供金融服务。周利等（2021）指出，对于那些具有较好的投资机会且具有投资热情，但由于资金有限而无法充分发挥潜力的人来说，数字金融为他们提供了新的可能。无论因为缺乏闲置资金还是教育投资预算紧张，数字金融都能帮助他们快速获得所需的金融服务，从而抓住机遇，实现自己的目标。

也有研究表明家庭消费与家庭在线信贷之间相互影响。Li J、Song Q Y、Wu Y 等（2021）利用2017年中国家庭金融调查（CHFS）的数据，探究了在线消费信贷与家庭消费之间的联系。他们研究发现了一个重要的趋势：在线消费信贷与家庭消费之间呈现出显著正相关关系。此外，研究还揭示了异质性分析结果，即在相对贫困的家庭和居住在欠发达地区的家庭中，在线消费信贷与家庭消费之间的相关性更为显著，这一发现部分反映了在线消费信贷的包容性特质。

2.1.3 数字金融在数字保险方面的研究

随着数字金融的崛起，其影响力已深入居民家庭保险行业的各个方面。无论是家庭商业保险还是家庭农业保险等，数字金融都在改变着它们的运作模式和服务方式。

2.1.3.1 数字金融在家庭商业保险方面的研究

数字金融的崛起对家庭保险业产生了深远的影响。众多学者从不同角度对这一议题进行了深入研究，其中主要集中在数字金融对家庭商业保险参与度、对家庭商业保险需求和对家庭商业保险业发展的影响三个方面。

1.数字金融对家庭商业保险参与度的影响

数字金融对家庭商业保险参与度的影响主要通过以下四个途径实现。第一，数字金融凭借其技术优势和信息优势，提高了家庭商业保险的可得性。第二，数字金融通过数字技术的应用及数字平台的推广，降低了市场交易成本，使得家庭参与商业保险市场更加便捷。第三，数字金融平台通过提供便捷的信息分享和评估机制，促进了家庭金融知识的积累，加强了家庭成员间的交流和学习，从而提升了他们的金融素养。第四，数字金融业务模式提升了家庭的社会互动水平，居民通过网络信息互动增加了交流和参与，这进一步影响了家庭商业保险的参与决策。总体来说，数字金融在提高家庭商业保险的便利性、可获得性及提升家庭金融素养和社会互动水平等方面发挥了重要作用，展示了其在保险市场中的潜力和价值。

首先，数字金融通过提升家庭商业保险的可得性影响家庭商业保险参与度。

通过数字化平台，数字金融为传统和互联网保险公司提供了一个渠道，使其能够在线向消费者推销保险产品，由于数字技术的应用，在线保险产品类型更加多样化，保险服务更加个性化。这样的便利性提升了家庭商业保险的可得性，从而让家庭能更加容易地利用数字技术投保商业保险。冯钰宸等（2016）研究表明，"互联网＋商业保险"通过资源共享和实时交互等优势，充分挖掘保险在风险保障和资金流转方面的特性，为商业保险的发展创造了有利的条件。这种模式有助于降低运营成本、提高服务效率，并为消费者提供更加便捷的保险服务。同时，它还能为企业提供更全面的风险管理和资金流转解决方案，进一步推动商业保险市场的健康发展。王仁曾和黄晓莹（2021）强调，数字普惠金融为低收入弱势群体提供了更多的金融服务选择，特别是保险服务。通过降低获得金融服务的门槛，数字普惠金融使该群体更容易获得所需的保险产品和服务。这一发展不仅增加了保险服务的可得性，还促进了家庭对商业保险的需求。因此，数字普惠金融在满足低收入弱势群体的保险需求方面发挥了积极作用。

其次，数字金融通过降低家庭商业保险参与成本影响家庭商业保险参与度。

周广肃等（2018）深入研究了数字金融和商业保险参与度之间的关系，并揭示了两者之间的影响机制，研究发现商业保险市场参与度的提升可以通过降低交易成本、减轻机会约束以及增强社会互动等途径来实现，这些影响渠道可以促进家庭中的风险金融投资。李玉华（2020）指出数字化健康技术对于商业健康保险的发展具有重要意义。它能够增强保险的保障功能，优化服务方式，并有效控制费用，从而帮助商业保险突破行业困境。通过数字化技术的应用，商业健康保险能够更好地满足客户需求，提高市场竞争力，实现可持续发展。Brown 和 Goolsbee（2002）通过实证研究发现数字技术的运用，消费者可以通过互联网平台进行保险价格的比较，能够为消费者提供便捷的信息收集途径，降低他们在信息搜寻过程中的成本，从而促进商业保险服务价格的优化。这有助于提高市场的有效竞争，推动商业保险市场的健康发展。Dumm 和 Hoyt（2003）通过研究发现，数字技术的应用，使得保险业务的办理突破了空间和时间的限制，大大降低了交易费用，使消费者更方便地获取全面的产品信息，从而增加他们通过数字技术购买保险产品的意愿。李晓等（2021）利用中国家庭金融调查（CHFS）的三轮数据，深入探究了数字金融对家庭商业保险参与的影响。研究结果显示，数字金融的发展显著促进了家庭对商业保险的参与。其主要原因是数字金融降低了保险产品的交易成本，使得保险服务变得更容易获得。这不仅简化了投保流程，还为家庭提供了更广泛的保险选择。数字金融的发展对商业保险市场产生了积极的影响，为家庭提供了更便捷、个性化的保险服务。

再次，数字金融通过促进家庭金融知识的积累影响家庭商业保险参与度。

数字交易平台通过丰富的教育资源和在线学习工具，为家庭成员提供了学习和了解金融知识的途径，通过在线课程、互动游戏和模拟交易等形式，数字交易平台帮助家庭成员更好地理解金融市场和产品，提高他们的金融素养和风险意识。数字交易平台还促进了家庭成员之间的信息交流和合作。家庭成员可以在数字交易平台上分享投资经验和市场动态，共同制定投资策略，互相监督和鼓励。这种合作机制有助于增强家庭的凝聚力和信任感，同时也有助于提高家庭金融决策的效率和效果，进而对家庭商业保险参与度产生影响。秦芳等（2016）的研究指出，参与商业保险活动的可能性与家庭金融知识水平呈正相关，且不具有农村、城市二元性差异。杨柳等（2019）研究发现，金融素养较高的居民更倾向于购买商业保险，且不具有地区异质性。另外，财富不平等程度的扩大也被发现与金融素养对商业保险消费决策的影响有关。吴雨和杨超（2017）的研究则显示，金融知识能促进家庭购买商业保险，并增强家庭对商业保险的信任度。总的来说，这些研究都揭示了一个共同的趋势：金融知识和金融素养在家庭参与商业保险市场的过程中发挥着关键作用，且这种影响在不同地区和群体之间表现稳定。

最后，数字金融通过提升家庭社会互动水平影响家庭商业保险参与度。

社会互动对家庭商业保险参与度的影响已受到广泛关注。研究表明，家庭商业保险的参与情况受居民间社会互动水平的影响显著。换句话说，人们之间的社交联系和交流会在很大程度上决定他们是否选择参与商业保险。李丁等（2019）深入探讨了社会互动是如何通过降低潜在购买者的参与成本以及提升其主观感受来增加家庭商业保险的购买可能性的。此外，他们也着重指出了内生互动与情景互动这两种机制在削减成本和提高信任感方面的积极影响，这无疑为家庭更多地参与商业保险提供了推动力。朱卫国和李骏（2020）指出，线上社会互动对家庭购买商业保险具有显著的推动作用。曹国华和王楠等（2020）探讨了家庭商业保险参与意愿及程度的影响因素，发现综合认知能力对此具有显著影响。其中，字词能力表现出最大的促进作用，显著提高了家庭参与商业保险的意愿和程度。同时，研究还发现金融知识在综合认知能力对商业保险参与度的影响中起到了部分中介效应。这些研究表明，社会互动能够有效提升个体的金融知识水平，而这种知识的增进又进一步激发了家庭更加积极地参与商业保险。简而言之，社会互动成了一个桥梁，它连接了金融知识的积累和商业保险的参与，从而推动了家庭更多地投保。

2.数字金融对家庭商业保险需求的影响

数字金融对家庭商业保险需求的影响深远且复杂。数字信息资源在其中的作用不容忽视。随着大数据和云计算技术的发展，家庭可以更加便捷地获取关于商业保险的各类信息，包括产品详情、价格、理赔流程等。这不仅提高了信息的透明度，还降低了信息不对称的风险，从而增强了家庭对商业保险的信任度和参与意愿。互联网平台为家庭参与商业保险提供了广阔的渠道。从在线投保、支付保费到理赔申请，互联网平台简化了保险流程，降低了参与门槛。家庭成员可以随时随地根据自己的需求和预算选择合适的保险产品，大大提高了保险服务的便利性和个性化。数字技术创新驱动着商业保险的发展趋势。随着人工智能、区块链等技术的应用，保险公司在风险评估、理赔处理等方面的效率大大提高。这不仅缩短了投保到理赔的时间周期，还降低了运营成本，使得保险公司能够提供更优质、更具竞争力的保险产品。因此，数字金融通过数字信息资源、互联网平台提供和数字技术创新驱动三个方面深刻地影响了家庭商业保险的方式和效果。

首先，数字金融通过数字信息资源渠道影响家庭保险需求。陈池波等（2021）研究发现，数字信息在降低农村家庭金融脆弱性方面发挥了重要作用，进而增加了家庭参与商业保险的可能性。通过数字信息，农村家庭可以更方便地获取金融知识和市场动态，从而更好地评估和应对金融风险。这有助于增强家庭的金融素养和风险管理能力，降低他们在金融市场中的脆弱性。随着金融脆弱性的降低，家庭更有可能选择参与商业保险，以进一步保障自己的经济安全。因此，数字信息资源对于推动农村家庭参与商业保险展现出了显著的正面效应。数字金融凭借其技术和信息优势，为家庭提供了更多获取金融知识和交流互动的机会，从而提升了家庭的金融素养和参与意愿。这不仅有利于家庭更好地理解和把握商业保险的机遇，也增强了他们在金融市场中的竞争力和安全感。

其次，数字金融通过互联网平台提供渠道影响家庭保险需求。冯钰宸（2016）提出，商业保险行业的风险防控和资本保障等核心特点与互联网的资源共享和实时沟通优势相结合，形成了"互联网＋商业保险"的创新发展模式。该模式不仅凸显了互联网在信息传播和效率提升方面的巨大潜力，而且为商业保险行业的迅速发展开辟了新的途径。

最后，数字金融通过数字技术创新驱动渠道影响家庭保险需求。Jack（2014）研究发现，保险产品的交易成本因数字技术如大数据的高效与多元化应用而显著降低，这不仅提升了社会各层级的互动质量，还有效地解决了信息不对称的难题。大数据的运用，使得信息处理和分析更为高效。在保险行业中，这意味着更快速地评估风险、提供个性化定价和服务，以及更精确的决策制定。这种高效性不仅提高了保险公司的运营效率，也为消费者带来了更好的服务体验。数字技术的多元性则提供了更丰富的信息来源和数据分析角度。通过多元化的数据来源，保险公司能够更全面地了解客户需求和风险特征，从而提供更加定制化的保险产品。这种个性化服务模式有助于提高客户满意度，促进保险市场的竞争力和创新。社会各层级的互动水平通过数字技术得到了提升。无论是消费者之间的交流、保险公司与客户的互动，还是行业内的信息共享和合作，数字技术都提供了更为便捷和高效的沟通渠道。这种互动不仅有助于提高公众对保险的认知和理解，还促进了信息的流通和知识的分享。最重要的是，数字技术有效地降低了保险产品的交易成本。无论是前期的风险评估、产品设计和定价，还是后期的理赔处理和客户服务，数字技术的应用都简化了流程、降低了成本。这不仅提高了保险公司的盈利能力，也使得消费者能够获得更实惠的保险产品。信息不对称是保险市场长期存在的问题，但数字技术的出现为解决这一问题提供了有效途径。通过大数据分析和人工智能等技术，保险公司能够更准确地评估风险、定价和服务，从而减少了信息不对称带来的误判和损失。李玉华（2020）认为，数字健康技术为解决商业保险在提高风险管理水平和拓展健康管理服务方面所面临的困境提供了关键支持。数字健康技术能够提供精准的风险评估和管理工具，从而提升商业保险的风险管理水平。通过收集和分析个人的健康数据，数字健康技术可以帮助保险公司更准确地预测和评估潜在的健康风险，并为被保险人提供个性化的风险管理和健康促进方案。这不仅有助于降低保险公司的赔付风险，还能提高被保险人的健康状况和生活质量。数字健康技术还能为商业保险提供更广泛的服务拓展机会。通过与各类健康服务机构和医疗保健技术提供商的合作，商业保险公司可以利用数字健康技术为被保险人提供全方位的健康管理服务，如在线咨询、远程监测和预防保健等。这不仅增强了保险产品的吸引力和竞争力，还开辟了新的收入来源，促进了商业保险的创新和发展。数字健康技术的运用还带来了更高效和个性化的客户服务体验。通过实时收集和分析被保险人的健康数据，保险公司能够为客户提供个性化的保险产品和增值服务，以满足不同客户的需求和偏好。这种个性化服务模式有助于提高客户满意度和忠诚度，进一步巩固商业保险的市场地位。通过与数字健康技术的结合，商业保险公司能够更好地应对市场挑战，满足客户需求，实现可持续发展。陈文和马学琳等（2021）的研究表明，数字经济的蓬勃发展显著推动了农村金融市场的进步，优化了商业保险的市场参与情况。随着数字经济的快速发展，农村金融市场也得到了有效拓展。数字技术为农村地区提供了更为便捷和高效的金融服务，使得更多的农民能够接触并参与到金融市场中。这不仅增加了农村金融市场的活力，还为商业保险在农村地区的推广和应用创造了有利条件。数字经济的崛起还为农村金融市场带来了更多的创新产品和服务。通过大数据、云计算等技术，保险公司能够更准确地评估农村市场的风险和需求，从而开发出更适合当地农民的保险产品。这些产品不仅满足了农民的风险保障需求，还促进了商业保险在农村市场的渗透和发展。数字经济的发展优化了农村金融市场的信息交流和资源配置。通过互联网平台和移动支付等手段，农民可以更方便地获取保险信息、比较不同产品、完成保险购买等操作。这不仅降低了信息不对称的问题，还提高了资源配置的效率和公平性，也促进了商业保险市场的健康发展。数字经济的发展对农村金融市场的发展起到了积极的推动作用，进而优化了市场对商业保险的参与。这为商业保险在农村地区的推广和应用提供了有力支持，有助于提高农民的风险保障水平和生活质量。

　　数字经济已成为当今社会的核心要素，以其前所未有的发展势头重塑人们的生活与工作模式。特别是在影响民众参与商业保险方面，数字经济的作用显得尤为突出，带来了保险业的深刻变革。国内外研究学者对数字经济与商业保险的关系进行了深入研究。这些研究不仅揭示了数字经济的迅猛发展如何为商业保险打开了新的市场空间，还展示了如何通过数字技术优化保险产品和服务，更好地满足消费者不断变化和增长的需求。数字经济的崛起为商业保险带来了前所未有的机遇。互联网的普及使得保险信息更加透明，消费者可以轻松比较不同产品、了解价格和条款，从而做出更明智的购买决策。此外，大数据和人工智能等先进技术的应用也为保险公司提供了更精准的风险评估和定价能力，使其能够更好地服务于各类客户群体。然而，挑战与机遇并存。数字经济的快速发展也意味着需要更加完善和严格的监管，以保护消费者权益并确保市场的公平竞争。同时，保险公司需要不断创新和适应变化，才能在激烈的竞争中脱颖而出。

3. 数字金融对家庭商业保险发展的影响

数字金融对家庭商业保险发展的影响是多方面的。它不仅为家庭提供了更为便捷的保险购买渠道，使得家庭可以随时随地完成保险产品的查询和购买，还通过数据分析和技术创新为保险公司提供了更精准的风险评估和定价能力。这使得保险公司能够制定出更加个性化的保险产品和服务，满足家庭的多样化需求。同时，数字金融还促进了保险产品和服务的创新，如基于家庭消费习惯的定制化保险和基于物联网技术的智能家居保险等。然而，数字金融的发展也带来了一些挑战，如数据安全和隐私保护问题、数字鸿沟问题以及市场监管问题等。因此，在推动数字金融发展的同时，需要加强相关法律法规的建设和完善，以确保数字金融市场的健康和可持续发展。马佳丽（2018）深入研究了数字普惠金融对中国城市商业保险发展的影响。他们结合数字普惠金融指数与中国城市统计年鉴的数据，运用固定效应模型，揭示了数字普惠金融对地区商业保险发展的推动作用。研究结果显示，数字普惠金融的覆盖广度、使用深度和数字化程度均对地区商业保险发展具有显著的正向影响。这一影响主要体现在提升保险产品和服务的可得性。与传统线下销售模式相比，线上销售的互联网保险产品展现出明显的成本优势，并且能够提供更加多样化的产品信息，为居民和企业提供了极大的便利。此外，保险公司运用大数据、云计算等技术精准分析客户行为，满足个性化需求，进一步激发了消费者购买商业保险的意愿。值得注意的是，数字普惠金融对商业保险的促进作用在不同地区、产业升级水平和人均 GDP 之间存在差异。具体来说，数字普惠金融对东部地区的商业保险发展促进作用较强，这得益于东部地区较好的经济发展基础。在产业升级水平和人均 GDP 较高的地区，数字普惠金融对商业保险发展的影响也更为显著。此外，居民可支配收入和金融机构贷款余额在数字普惠金融与地区商业保险发展之间起到了中介作用。数字普惠金融通过提高居民金融知识水平、增加就业机会和促进创业行为等方式，提高居民可支配收入。随着居民可支配收入的增加，长期储蓄需求和自我保障意识增强，从而提高了居民购买商业保险的可能性。对于企业而言，购买商业保险不仅可以避税，还可以作为员工绩效奖励，提高员工保障水平，因此也增加了企业购买商业保险的概率。数字普惠金融对地区商业保险发展具有积极的推动作用，尤其在东部地区和产业升级水平较高、人均 GDP 较高的地区。这一研究为政策制定者提供了有益的启示，有助于更好地利用数字普惠金融的优势，促进地区商业保险的持续健康发展。

2.1.3.2 数字金融在家庭农业保险方面的研究

习近平总书记2020年在吉林考察时指出："农业现代化，关键是农业科技现代化。要加强农业与科技融合，加强农业科技创新。"在信息化、互联网、大数据、云计算、人工智能和区块链等数字技术迅猛发展的时代背景下，数字化已成为不可阻挡的潮流。数字普惠金融因而成为保险业技术革新和数字化转型的关键途径。为此，保险业必须顺应时代潮流，利用保险科技推动自身的数字化转型，以实现从追求速度到追求质量的转变，以及从粗放式管理到科学、合理、规范的运营模式的转型。在这一过程中，保险技术的应用具有举足轻重的意义。王伟雯（2018）研究发现数字技术在保险业的应用使得保险业务的边际成本降低，保险服务范畴拓展，农业保险的深度与广度都由于金融科技和保险科技的应用而加强。何广文（2018）指出，尽管正规信贷市场在某种程度上有所发展，但农户从正规金融机构获得贷款的机会仍然有限。这种状况限制了农户的金融可及性，制约了他们的生产潜力和市场拓展。随着科技的不断进步，保险科技为农业保险的创新开辟了新的道路。它不仅简化了投保和理赔流程，提高了服务效率，还通过大数据、人工智能等技术手段，对风险进行更精确的评估和定价。保险科技的应用使得农业保险从传统模式中解放出来，逐渐走向高质量发展的道路。它不仅扩大了农业保险的市场覆盖范围，还加强了保险公司与农户之间的联系和互动。这使得保险公司在提供保障的同时，还能为农户提供一系列的增值服务，如风险管理咨询、农业技术推广等。因此，保险科技在农业保险领域的应用，不仅为农户提供了更可靠的保障，也激发了农业生产的稳定和可持续发展的新动力。它是农业保险高质量发展的重要支撑和推动力，有助于解决农户面临的金融资源供给不足的问题，进一步释放农业生产的潜力。

2.1.3.3 数字金融对保险业态功能、结构和模式的影响

数字金融技术的广泛应用正在深刻地重塑保险业态功能、结构和模式。这一变革主要体现在三个方面：一是数字金融助力保险业功能升级；二是数字金融重塑保险市场经营模式；三是数字金融重塑了保险业的业务形态模式。

1.数字金融助力保险业功能升级

保险业发展的初期，它的主要功能是提供经济补偿，帮助被保险人应对因特定风险事件引发的经济损失。这种补偿机制是保险的核心任务，也是单一保险功能论的基础。然而，为了实现有效的经济补偿，保险业必须分散风险，于是认为保险的基本功能包括分散风险和经济补偿，这两者相辅相成。随着社会发展，保险业功能日趋多样化，特别是基金积蓄和风险管理功能显得更为重要。基金积蓄是通过保费积累形成基金，实现风险的时间分散。而风险管理则通过防灾防损等措施减少风险因素，进而降低损失和保费。保险功能实现多元化。张金林（2004）、林宝清（2002）、魏华林（2004）的研究都表明，随着时代的不断演进，保险业的基本功能经历了深刻变革。

我国在保险领域的研究与实践一直处于积极探索的状态，对保险业的功能有了更为深入的认识。2006年，《国务院关于保险业改革发展的若干意见》这一重要文件的发布，明确指出了保险的三大功能：经济补偿、资金融通和社会管理。经济补偿作为保险的核心功能，旨在通过分散风险来为居民家庭和企业提供必要的保障。这一功能确保了被保险人在遭遇风险时能够得到相应的经济赔偿，为其生活和生产提供了重要的支持。资金融通功能则进一步拓展了保险业的作用。这一功能充分利用保险基金，有效地填补了保费收取与保险金支付之间的时间差，为资本市场提供了稳定的资金来源。通过有效的投资和运用，保险资金不仅提升了自身的收益，同时也为国家的经济发展提供了助力。社会管理功能则是在经济补偿和风险管理的基础上，通过创新保险机制提供公共服务。这一功能突破了传统保险的范围，将保险与社会治理紧密结合。通过损失补偿实现社会再分配，提高社会治理效率，推动治理体系和治理能力的现代化（战明华，孙晓珂，张琰，2023；粟芳，2017）。数字金融的迅猛发展对保险业功能起到了极大的促进作用。

首先，大数据与云计算技术攻克异质保险标的与样本风险度量挑战。大数据和云计算技术为保险业带来了革命性的变革。传统保险定价模式已无法应对现实中的复杂风险，而大数据技术为保险公司提供了更全面、实时和多源的数据，使风险评估和保费计算更为精准。超级计算技术进一步解决了海量数据处理问题，考虑风险相依性和个体异质性，扩大了可保风险范围。这些技术使保险业能更科学、精准地应对风险和服务客户（战明华　等，2023；白锋，2014；Abbas et al.，2015）。

其次，物联网与大数据助力保险业解决信息不对称，强化风险管理能力。在保险业中，诚信是关键，但保险公司往往因投保人提供风险信息的局限性而处于信息劣势。物联网和大数据技术改变了这一局面，通过实时获取保险标的的信息和增强信息存储处理能力，保险公司能更精确地评估风险、预测事件，实现精细化管理，从而降低成本、减少亏损。

最后，人工智能和区块链技术的运用，增强了保险行业的透明度和可信度，加强了保险公司与投保人、被保险人之间的互信关系，并提升了经营效率。保险的本质是射幸性合同，需要投保人高度信任保险公司。然而，合同术语复杂、销售人员水平不一，导致客户难以理解。科技赋能，特别是AI，改变了销售模式，提供个性化服务，提高客户满意度。区块链的透明性和可追溯性增强了客户信任，重塑了交易信任机制。这些技术提高了经营效率，加强了客户与保险公司的信任关系。

2.数字金融重塑保险市场经营模式

通过科技赋能，保险业正在实现更高效、更个性化的服务，并增强客户与保险公司之间的信任关系。

数字金融孕育新兴保险业经营主体。数字金融加速了保险科技的崛起，这些公司凭借科技提供个性化产品和服务。它们满足消费者的不同需求，如健康保险、里程计费车险等，并提升用户体验。美国和欧洲的初创公司如Oscar、Metromile等引领市场。中国虽初创公司较少，但互联网巨头如阿里、百度、腾讯也在布局。它们利用数字技术快速获取客户，推出创新产品，如基于可穿戴设备的保险。这些新兴力量虽市场份额小，但正快速改变保险业格局。（战明华　等，2023；许闲，2017；李玉华，2020；周延礼，2017；单鹏，2018；赵军　等，2017；唐金成　等，2021）

数字金融革新传统经营主体运营流程。数字金融正在重塑保险业的传统经营模式，从产品开发到市场营销、核保理赔、客户关系管理、风险管理、内部管理以及资金运用等环节都发生了显著变化。表1.1反映了数字金融重塑传统经营主体的经营环节。数字金融技术对保险市场的营销、产品设计和服务等环节产生了深刻影响。传统的保险营销主要依赖于线下渠道和高额的营销成本，而数字金融技术使得保险公司能够通过线上渠道进行精准营销，降低营销成本，提高营销效率。这些变革不仅提升了保险公司的经营效率，也使得客户能够享受到更个性化、更便捷的服务。（战明华　等，2023）

表 1.1 数字金融重塑传统经营主体的经营环节

		传统方式	数字方式
保险经营	产品研发	(1) 对潜在的目标客户群进行风险评估，依据历史数据来评估风险事件发生的可能性，进而确定承保价格，客户群共同承担风险 (2) 标准化、纸质化的保险合同，缺乏个性化保险服务	(1) 通过可穿戴设备车载设备等搜集海量数据，利用大数据和人工智能技术进行产品设计和动态定价，如平安财险基于驾驶行为的车联网保险 (2) 通过满足场景化、碎片化的市场需求，开发新产品，如手机碎屏险、账户安全险、退货运费险等
	市场营销	一般通过独立保险经纪人、全球代理商以及公司本身的专职代理人来进行国内外的保险销售	(1) 自营模式通过官网、公众号、微信小程序、手机 App 等流量入口进行销售 (2) 保险比较网站和保险超市，这类平台帮助消费者对比进行不同保险的优劣 (3) 保险经纪公司应用人工智能技术帮助消费者选择保险组合
	风险管理	(1) 以"人工+经验"的模式管理控制力配合承保风险，这种模式的风险管理成本较高 (2) 依靠经验识别保险欺诈，效果不佳	(1) 区块链技术可以有效解决信息不对称问题，提高保险的可信度；也可以保护隐私数据的安全。使用智能风控处理海量数据，建立预警机制和个性化风控 (2) 使用机器学习技术进行反欺诈，提高效率节约成本
	核保理赔	(1) 由核保员工对保单进行人工审核 (2) 风险事故发生后，人工处理客户咨询理赔 (3) 在定损方面，依据公共记录或者检查员的现场汇报。这种方式费用较高且效率较低	(1) 数字化、自动化运营，高效处理保单审核 (2) 数字化理赔，通过建立案例库的方式，细分损失类型，制订合理的解决方案 (3) 使用无人机对事故现场进行勘察，简单高效
	客户关系维护	签订正式保险合同之后，除了收取保费和处理理赔，保险公司一般很少与客户保持交流，客户的投保依赖性较低	在保单有效期内，以数字化方式增加互动交流频率，提升客户体验，向优质客户提供优惠奖励积分，增加客户黏度
	内部管理	以人工集中培训的方式进行员工在职教育和风险控制	应用虚拟现实技术进行员工培训，比如沉浸式体验训练
	资金运用	基于对未来赔付的预测，从资产负债匹配的角度，合理规划流动资产和固定资产比例，制定投资融资策略	应用人工智能技术分析数据，动态调整投资组合，预测收益和损失，提高资金有效率

资料来源：战明华，孙晓珂，张琰.数字金融背景下保险业发展的机遇与挑战[J].保险研究，2023（4）：3-14.

3.数字金融重塑了保险业的业务形态模式

14 世纪后，海上保险在意大利兴起，随着经济进步，各类保险业务如火如荼。不同国家根据法规对保险业务有不同分类，这些保险形态在当地金融和经济中发挥了重要作用。北美主要提供寿险、医疗险等，其中寿险有多种类型；西欧的寿险有养老金和健康险等，非寿险涉及多领域；我国有车险、责任险等财产险和定期寿险、健康险等人身险。我国传统保险业存在市场失灵问题，需改进销售方式、平衡市场发展、减少业务雷同和提高保障型市场效率。

数字金融拓宽保险业务新形态。许闲（2017）的研究揭示，数字金融不但为保险业开辟了新的市场空间，而且塑造了崭新的保险生态环境，从而成为推动整个行业持续发展的新动力。其深远影响展现在两大层面：首先，数字金融显著增加了保险业务的多样性，使得先前无法承保的风险变得可保；其次，它改变了传统的保险产品或服务模式，通过与新兴产业的紧密合作，全方位地满足了客户在风险管理方面的多元需求。

表1.2为数字金融对保险形态的影响。

表 1.2 数字金融对保险形态的影响

		传统方式	数字方式
保险形态	业务种类	因为技术原因，传统保险业种类的开发受到局限。一些风险因为缺乏足够的数据而导致无法定价，或因为定价过高而失去市场竞争力	将原本不可保的风险转变为可保风险。在应用的物联网等数字技术之后，保险人可以获得数据并进行精确定价，保费在客户负担能力之内，从而实现了保险业务的创新。比如，在科技创新领域，一般具有复杂度高、难度大、成功率低等特点，保险业通过运用数字技术对科技企业产品研发、知识产权保护、关键研发人员健康等提供保障，提高科技企业的风险保障水平 典型案例：人保财险的"科创知产保险贷"，由18家财产险公司和再保险公司共同组建的"中国集成电路共保体"业务
	业务组合	单一保险产品或纯保障型保险服务	研发个性化、差异化、定制化保险组合或生态圈，如康养生态复合保险等。其中康养生态是保险公司基于客户对养老和健康的两方面需求，发挥长期资金优势，布局康养生态圈，根据客户的财务状况、风险偏好、健康水平、行为习惯等，以产品组合配置差异化的保险方案 典型案例：太保人寿、中邮保险、泰康养老的"财富管理+健康+养老"保险组合等

资料来源：战明华，孙晓珂，张琰.数字金融背景下保险业发展的机遇与挑战[J].保险研究，2023（4）：3-14.

数字金融缓解了市场失灵问题。数字技术有助于解决保险市场失灵问题，提升保险公司盈利能力，并缓解区域发展不平衡。

2.1.4 数字金融在投资方面的研究

数字金融作为科技与金融的结合体，正在深刻地改变着投资领域。这种影响不仅体现在家庭金融资产投资上，也渗透到了企业投资决策中。

对于家庭而言，数字金融提供了前所未有的便利性，使家庭投资者能更方便地接触到各类金融产品。通过手机App、网络平台等渠道，家庭投资者可以轻松地实现资产的全球配置，提高投资组合的多样性和收益。此外，数字金融也降低了投资门槛，使得更多的人能够参与到投资活动中。不过，这也带来了风险。由于信息透明度提高，家庭投资者更容易受到市场波动的影响。因此，家庭投资者在享受数字金融带来的便利性的同时，也需要增强风险意识，理性投资。

在企业层面，数字金融则为企业提供了新的融资渠道和投资工具。通过大数据、人工智能等技术，企业可以更准确地评估投资项目的前景，从而提高投资效率。同时，数字金融也使得企业能够快速地筹集资金，支持企业的发展。然而，数字金融也带来了挑战。例如，过度依赖数字金融可能导致企业忽视了传统的实体经济投资，从而影响到企业的长期发展。

2.1.4.1 数字金融对家庭资产投资的影响研究

1.数字金融对家庭风险金融资产投资影响的研究

学者通过研究发现数字金融对家庭金融资产参与配置、持有及收益率可能产生影响。

当前关于数字金融对家庭资产参与配置影响的研究尚显不足，过往的研究主要聚焦于互联网对家庭资产参与配置的作用。与传统的理财产品相比，互联网理财产品不但满足了家庭日常资金流动的需求，而且在收益率方面通常能够超越银行的活期存款。互联网金融的便利性也是其吸引用户的一大优势，用户可以通过互联网轻松实现转账、支付和购买各种理财产品，无须走出家门，这使其在便捷性上大大超越了传统的金融机构。Barber和Odean（2002）在研究中发现，互联网交易方式更受年轻、男性、高收入、高风险偏好、高成长性、高活跃性投资者的喜爱。具备这些特性的投资者的交易频率和投机性都由于互联网交易方式的出现而有所增加，但营利性却出现了下降。此外，Choi等（2002）在研究中表明，互联网交易方式只是改变了投资者的交易行为，而没有直接影响他们的资产规模。随着互联网金融的快速发展，中国家庭的金融资产结构正在发生深刻的变化。孙从海等（2014）在研究中指出，互联网金融理财产品已经逐渐取代了传统储蓄存款在家庭资产中的地位，而P2P等新型金融模式也正在逐步替代传统金融机构的借贷业务。这一趋势表明，互联网金融正在以其独特的优势逐步改变着传统金融的格局。Liang和Guo（2015）的研究视角独特，他们将互联网视为一种能够替代传统社会互动的信息渠道，这种替代作用进而提高了投资者参与股市的积极性。这一观点揭示了互联网在信息传播和社交互动方面的革新对投资者行为产生的深远影响。方文玲（2018）利用CHFS2015

年的数据进行了深入研究，实证结果表明互联网金融对家庭参与金融市场有着明显的推动作用。这显示了随着互联网金融的不断扩展和深化，它正在为越来越多的家庭打开通往金融市场的大门，让他们有机会接触并享受更广泛的金融服务和产品。互联网金融以其便捷、高效和低门槛的特性，降低了家庭进入金融市场的难度，使投资理财等活动变得更加容易和普遍。这一发现不仅为互联网金融的快速发展提供了坚实的数据支持，也凸显了它在促进家庭金融市场参与方面的关键角色。周天芸等（2019）在研究中发现，数字技术的普及和应用显著提升了家庭购买金融产品的意愿和能力，具体表现为家庭购买金融产品的概率和金额均有所增加。同时，他们的研究还指出了城乡之间在数字技术影响下的异质性差异：在数字普惠的环境下，农村家庭相较于城镇家庭更有可能购买金融产品，尽管其购买金额相对较低。这一发现对于理解数字技术在不同地域和人群中的影响具有重要意义。廖婧琳和周利（2020）的研究聚焦于数字普惠金融对家庭风险金融资产投资行为的影响。他们认为，数字普惠金融的发展为家庭提供了更多、更便捷的投资渠道和信息，从而促进了家庭对风险金融资产的投资。周雨晴和何广文（2020）在考虑农户金融素养和智能化素养的基础上，通过实证研究证实了数字普惠金融的发展对农户家庭资产配置产生了积极影响，并且这种影响在不同金融素养和智能化素养的农户之间存在异质性。这一研究为理解数字普惠金融在农村地区的推广和应用提供了有益的理论支持和实证依据。张晓玫等（2020）采用了 Probit 模型和 Tobit 模型，对普惠金融如何影响家庭在金融资产选择上的决策进行了实证分析。普惠金融作为一个旨在提高金融服务覆盖率和质量的理念，近年来在全球范围内得到了广泛关注。特别是在发展中国家，普惠金融被视为促进经济增长、减少贫困和不平等的重要手段。在这项研究中，张晓玫等（2020）发现普惠金融的发展显著提高了家庭参与金融市场的可能性，并且普惠金融不仅增加了家庭参与金融市场的机会，还提高了他们在金融资产上的配置比例。

数字金融助推家庭风险投资参与。魏昭等（2016）的研究进一步揭示，在参与互联网金融的过程中，家庭不仅能够获取相关的金融知识，还能受到激励，从而更积极地参与金融资产和风险资产的配置。这一发现对于理解数字普惠金融在家庭金融参与方面的作用具有重要意义。戴丹（2016）采用 2000 年至 2014 年中国家庭资产选择的相关统计数据，通过实证分析发现，互联网金融对银行存款的减少产生了最为显著的影响。同时，互联网金融对基金和债券市场也展现出了积极的影响，为投资者提供了更多的选择机会。然而，值得注意的是，互联网金融对股票市场并未产生明显的影响。这一研究结果为深入理解互联网金融对不同金融市场的具体影响提供了有价值的参考。陈垚栋（2019）通过实证研究证实，第三方支付作为互联网金融的重要组成部分，能够有效地提升股票和基金在家庭投资组合中的占比，而对债券的影响则不显著。这一发现有助于更全面地理解数字金融在家庭金融投资中的作用和影响。

2.数字金融对家庭风险金融资产投资的影响机制的研究

数字金融对家庭风险金融资产投资的影响机制尚未得到系统且清晰的研究。通过综合现有研究，可梳理出数字金融主要通过增强金融服务可及性、提升家庭金融知识水平来影响家庭风险金融资产投资。

数字金融增强金融服务可及性，引导家庭风险金融资产投资。李继尊（2015）的研究揭示，随着数字金融的蓬勃兴起，家庭投资者得以拥有全新的投资渠道。通过手机银行、各类理财应用、微信以及支付宝等多元化平台，家庭能够更便捷地进行投资活动，这为他们的投资决策提供了重要的基础和先决条件。路晓蒙等（2017，2019）的研究中揭示了传统金融交易模式的局限性。研究认为传统模式对家庭投资行为构成了一定程度的障碍，市场可获得的金融产品风险较高、投资门槛较高、投资渠道不通畅等原因导致了家庭进行金融投资的意愿较低。李晓等（2021）指出，数字金融的兴起使得金融交易能够在线上便捷进行，有效消除了金融服务的时空障碍。因此，家庭不再需要跨越地域限制，便能通过电子设备实现投资，这显著减少了各地区金融服务的不均衡性。数字金融的此项优势极大地提高了家庭投资的便捷性和高效性，让更多的人群能够平等地获得金融服务的机会。张红伟等（2022）的研究指出，数字金融的快速发展不仅有效扩展了金融供给的广度，还为家庭投资者提供了全新的、多元化的投资路径。此外，数字金融还通过创新符合家庭实际需求的各类金融产品，显著提升了家庭在金融服务方面的可得性和便利性。这些研究成果共同揭示了数字金融在家庭金融投资决策中的关键角色。

也有研究发现，数字金融通过提高家庭金融知识水平对家庭风险金融资产投资产生影响。尹志超等（2014）在研究中深入阐述了金融知识提升对城镇家庭投资行为的重要影响。他们指出，随着金融知识的增加，城镇家庭能够更有效地收集、筛选和处理各类金融信息，这为他们做出明智的投资决策提供了有力支持。同时，对金融产品的充分理解使得城镇家庭能够更准确地评估投资收益与风险，从而在选择金融产品时表现出更高的自主性和判断力。这种提升不仅促进了城镇家庭对风险金融资产的投资，还有助于他们在金融市场中实现资产的优化配置和增值。Chen

（2016）强调，在当今时代，数字金融这一以多元化数字技术为坚实基石的创新模式，已经深入渗透到家庭生活的方方面面，对人们的经济行为产生了深远影响。同时也有学者进行深入研究发现，数字金融的广泛应用为家庭成员提供了一个全新的互动与学习平台。通过各大数字平台，家庭成员可以与金融机构的工作人员进行交流，咨询疑问，获取专业建议，还能与其他投资者便捷地分享投资经验、市场动态等信息。这种信息交流与互动学习的模式，显著加深了家庭成员对金融产品的理解，提高了他们对金融产品风险与收益的正确认识。在这一过程中，家庭的金融知识水平得到了有效提升，为他们的投资决策提供了更为坚实的知识基础。方文玲等（2018）的研究指出数字金融技术的应用，在很大程度上推动了家庭对风险资产的配置。随着越来越多的家庭接入互联网，他们能够更便捷地获取金融信息和服务，进而更积极地参与到金融市场中。这种趋势不仅优化了家庭的资产结构，还促进了金融行业的整体发展。简言之，互联网宽带基础设施的建设为家庭提供了更多参与金融市场的机会，推动了金融业的繁荣与进步。吴冠虹等（2018）的研究结果显示，互联网金融的健康稳定发展对家庭金融资产结构产生了显著影响。具体而言，银行存款占家庭金融资产的比例，随着互联网金融的普及和深化，而逐渐降低，而债券的比重则呈现上升趋势。这一变化反映了互联网金融在提供多元化投资渠道和推动金融市场发展方面的重要作用。同时，这也提示在互联网金融时代背景下，家庭投资者需要更加关注市场动态和金融产品创新，以优化自身的资产配置策略。刘环宇等（2020）研究指出金融知识的丰富不仅能够增强家庭对金融市场的认知和理解，还能有效降低他们对风险的天然厌恶感。这种知识的积累可以激发城镇家庭在既定风险水平下追求更高收益的愿望，进而促使他们增加对风险金融资产的投资力度。换言之，对于城镇家庭而言，金融知识的增进成为他们优化投资策略、推动资产增值的不可或缺的动力源泉。孙燕和严书航（2021）的研究揭示了一个重要现象：随着各大手机银行及理财软件的相继涌现，家庭成员如今可以在家中舒适地获取广泛的金融知识。这些数字平台不仅提供了便捷的金融服务，还设立了专门的金融知识专栏，使用户能够随时随地深入学习股票指数、市场分析等专业知识。此外，用户还能通过这些平台及时了解经济金融的最新动态，从而全面提升自身的金融知识水平和市场敏感度。这种变革不仅增强了家庭投资者的金融素养，也为他们更明智地参与金融市场打下了坚实基础。安强身等（2022）的研究均发现，随着数字金融服务的普及和深化，家庭投资者能够更加便捷地获取丰富的金融信息和教育资源，进而增强他们的金融素养和风险意识。这种提升不仅使家庭对于投资风险金融资产有了更全面的认识和理解，还有助于他们做出更明智、更理性的投资决策，从而有效管理投资风险并实现资产的增值。因此，数字金融的发展为家庭投资风险金融资产提供了有力的支持和保障。

2.1.4.2 数字金融对企业投资的影响研究

1.数字金融对企业投资结构的影响

数字金融的发展在近年来引发了金融业的深刻变革，其影响范围逐渐渗透到企业投资结构之中。数字金融通过提供便捷、低成本的融资渠道和丰富的数据分析工具，显著改变了企业的投资策略和资源配置模式。一方面，数字金融平台使得中小企业能够更容易获得资金支持，从而促进了创新创业活动，这些企业在投资决策上更加灵活，能够快速响应市场变化。另一方面，大数据和人工智能等数字技术的应用，使得企业能够更精准地评估投资项目的风险和收益，优化了投资决策过程。数字金融对企业投资结构的影响也成为近年来学者们研究的热点问题之一。

司敏等（2023）深入探讨了数字金融如何影响非金融类上市公司的投资结构。他们选取了2011年至2020年这十年间的金融数据作为研究基础，聚焦我国非金融类上市公司。经过详尽的分析，他们发现数字金融在引导企业更多地投向实体经济方面发挥了积极作用，这种引导作用不仅优化了单个企业的投资策略，还呈现出持续性的影响趋势。此外，研究还揭示了数字金融在纠正金融资源分配不均（金融错配）以及改善企业内部第二类代理问题方面的显著效果。通过这些改善，数字金融有效地推动企业从虚拟经济转向实体经济，即所谓的"脱虚向实"。值得注意的是，研究进一步指出，数字金融对某些特定类型企业的影响尤为显著。这些企业包括民营企业、信息披露程度较低的企业、位于金融发展相对滞后地区的企业，以及那些受到互联网金融监管力度较强的企业。在这些企业中，数字金融对其投资结构的调整作用更加明显，为这些企业带来了更多的投资机遇和策略调整空间。李婷等（2023）研究发现，数字金融的发展与企业的总投资规模以及实体投资活动之间存在正向关联，而与企业的金融投资活动则呈现出负向关系。此外，研究还揭示了数字金融在影响企业不同投资行为时所采取的不同路径。具体而言，数字金融通过两条主要的传导机制来影响企业的投资结构：一是"数字金融—融资约束—实体投资"路径，即数字金融通过缓解企业的融资约束，促进了实体投资的增长；二是"数字金融—管理层短视—金融投资"路径，这意味着数字金融能够在一定程度上纠正管理层的短视行为，从而减少对金融投资的过度依赖。这些发现不仅为理解数字金融如何影响企业投资行为提供了新的视角，也为企业在数字金融时代优化投资结构提供了有益的启示。王紫璐等（2022）以沪深A股上市公司为核心研究对象，针对2011年至2020年的金融数据展开了详尽的定量分析，揭示了数字金融在影响企业投资行为时的多重机制。

2.数字金融对企业投资效率的影响

数字金融，作为金融科技的前沿成果，正在逐步重塑传统的金融格局，并对企业的投资效率产生着复杂而深远的影响。借助大数据分析、人工智能等尖端技术，数字金融为企业提供了更为精准的市场洞察和风险评估，助力企业制定更为科学的投资策略，这不仅有助于降低投资风险，更能显著提升投资回报率，从而直接增强企业的投资效率。在面临融资困境时，企业能够更灵活地调整融资策略，降低融资成本，进而释放更多的资金用于投资，间接促进了投资效率的提升。此外，数字金融还通过优化企业内部管理、提升运营流程效率等方式，为企业投资活动创造了更加良好的内部环境。实时的财务数据更新和监控，使得企业能够迅速把握市场脉动，及时做出投资决策，从而进一步提高投资效率。

多数学术界人士指出，数字金融的演进对企业投资效率产生了积极推动作用。这种提升在很大程度上归因于数字金融有效缓解了企业因投资不足而面临的困境。换言之，数字金融为企业提供了更加便捷和高效的融资渠道，从而降低了投资门槛，使企业能够更充分地利用资金进行投资，进而提升其投资效率。国内学者张友棠和常瑜泾（2020）在一项重要研究中发现，数字金融的迅速崛起对于提升科技企业的投资效率具有显著效果。他们指出，这种提升主要归功于数字金融在降低科技型企业的债务融资成本和提高其现金持有水平方面的积极贡献。这两个因素在很大程度上缓解了科技企业因资金短缺而面临的投资困境，进而对其投资不足产生了有效的抑制作用。详细来说，数字金融通过运用大数据、云计算等先进技术，为科技型企业提供了更加透明、便捷的融资服务。这不仅降低了企业与金融机构之间的信息不对称程度，减少了融资过程中的交易成本，还使得企业能够以更低的成本获得所需的债务融资。此外，数字金融还通过优化现金流管理、提高支付结算效率等手段，帮助科技企业提升了现金持有水平。这使得企业在面临突发的市场机遇或资金需求时，能够更加从容地做出投资决策，从而提高了其投资效率。万佳彧等（2020）在一项深入研究中揭示，数字金融的崛起对金融服务行业的进步产生了显著的推动作用。他们发现，数字金融不仅通过其高效、便捷的服务模式改进了传统金融服务的不足，更重要的是，它通过有效缓解企业在投资过程中的资金短缺问题，显著优化了企业的投资效率。数字金融通过运用大数据分析、云计算等尖端技术，能够更精准地评估企业的信用状况和资金需求，从而为企业提供更加个性化的融资解决方案。这不仅降低了企业的融资成本，还提高了资金的配置效率，使得企业能够将有限的资金更加合理地投入具有创新潜力和市场前景的项目中。因此，数字金融在激励企业创新方面发挥了不可替代的作用，为推动经济的持续健康发展贡献了重要力量。邵学峰和胡明（2022）的研究中，深入探讨了金融科技的经济效应以及它如何影响企业的投资效率。研究发现，金融科技在多个方面都发挥了积极作用，显著提升了企业的投资效率，金融科技通过缓解融资约束，发挥了其资源效应。在传统金融体系中，企业往往面临融资难、融资贵的问题，这限制了企业的投资能力和效率。而金融科技的出现，通过创新金融产品和服务，降低了融资门槛和成本，使得企业能够更便捷地获取所需资金，从而缓解了融资约束，提高了企业的投资效率。金融科技还能够降低代理成本，发挥治理效应。在企业经营过程中，代理成本是一个不可避免的问题，它源于企业所有者与经营者之间的利益不一致。而金融科技通过提供透明、高效的信息披露和监管机制，降低了代理成本，改善了企业治理结构，从而提高了企业的投资效率。研究揭示了金融科技在提升企业投资效率方面的重要作用。通过缓解融资约束和降低代理成本，金融科技发挥了资源效应和治理效应，为企业创造了更加良好的投资环境。这不仅有助于推动企业的可持续发展，也为金融科技行业的进一步发展提供了有力支撑。吴名花（2022）的研究中，采用了一种独特的视角来探讨数字金融对企业投资效率的影响，研究特别关注了企业的长期融资与短期融资可得性。以上市公司为研究对象，研究发现数字金融在缓解企业因资金短缺导致的投资不足问题上表现显著，从而有效地提升了企业的投资效率。然而，值得注意的是，数字金融并未能抑制企业的过度投资行为。在深入探讨影响机制时，研究结果揭示出数字金融对企业长期融资可得性产生了明显的正面影响。这一发现不仅为理解数字金融如何影响企业投资行为提供了新的视角，也为企业在数字金融时代优化投资策略提供了有益的启示。同时，这也表明在数字金融的推动下，企业有望更好地平衡其长短期融资需求，从而实现更加稳健和高效的投资。同时，王娟和朱卫未（2020）通过严谨的实证检验，深入探究了数字金融对企业投资行为的影响，并得出了重要结论：数字金融对于矫正企业的非效率投资行为具有显著作用。这一结论是基于对企业杠杆率、研发投资以及风险值这三个关键维度的综合考量与论证而得出的。具体而言，数字金融通过优化企业的融资环境，有效降低了企业的杠杆率，从而减少了因高杠杆带来的投资风险。同时，数字金融还为企业提供了更加便捷和高效的研发投资渠道，激发了企业的创新活力，提升了研发投资的效率。此外，数字金融还通过精确的风险评估和管理，帮助企业更好地控制投资风险，进一步保障了企业的稳健发展。此外，企业投资效率的提高不仅直接体现在投资回报率的提升上，还可能通过抑制投资过度而产生。在数字金融的助力下，企业能够更加精准地把握投资机会，避免盲目扩张和过度投资，从而实现资本的高效利用和企业的可持续发展。研究结果不仅揭示了数字金融在矫正企业非效率投资行为方面的重要作用，还进一步阐述了企业投资效率提高的多元路径和深远影响。因此，数字普惠金融在推动企业可持续发展方面发挥了积极作用，为企业提供了更加广阔和稳健的发展空间。但是，也有研究认为数字金融发展超过阈值时，会抑制投资效率。刘园等（2018）的研究通过深入分析金融科技与企业投资效率之间的关系，揭示两者之间的一种独特的"U"形影响模式。研究指出，在金融科技发展的初期阶段，由于技术的不成熟、监管的缺失以及市场的不确定性等因素，金融风险会相应增加，这可能会对企业的投资效率产生一定的负面影响。然而，随着金融科技的不断进步和成熟，进入发展的成熟期后，金融风险的管控能力逐渐提升，金融科技的应用场景也更加广泛和深入。这一阶段，金融科技的风险逐渐降低，其对企业投资效率的正面影响开始显现。金融科技能够通过优化资源配置、提高决策效率、降低交易成本等方式，显著提升企业的投资效率。因此，金融科技对企业投资效率的影响存在一个明显的拐点。在金融科技发展初期，企业需要谨慎应对相关风险，避免盲目跟风投资；而在金融科技进入成熟期后，企业则应积极拥抱金融科技，充分利用其带来的优势和机遇，提升自身的投资效率。这一研究不仅为理解金融科技与企业投资效率之间的复杂关系提供了新的视角，也为企业在不同金融科技发展阶段制定合理的投资策略提供了有益的启示。朱康等（2022）的最新研究表明，数字经济的发展对企业投资效率也呈现出一种非线性的影响模式，即"倒U形"关系。这种影响模式意味着，在数字经济发展的初期阶段，随着数字技术的广泛应用和数据的不断积累，企业的投资效率会得到显著提升。然而，当数字经济发展到一定程度后，由于市场竞争的加剧、技术更新的快速以及数据安全的挑战等因素，企业的投资效率可能会受到一定的抑制。在数字金融的快速发展背景下，企业管理人员需要更加关注市场动态和技术创新，以便及时调整投资策略和适应市场变化。同时，他们还需要加强企业内部治理，提高决策效率和透明度，以确保投资决策的科学性和合理性。

2.1.5　数字普惠金融的研究

数字普惠金融，这一理念最初由 Leyshon 和 Thrift 于 1993 年提出，经过不断的演变与发展，如今已成为一种前沿的金融服务模式。它深度融合了计算机信息处理、数据通信、大数据分析以及云计算等尖端科技和互联网技术，能够服务更广泛的民众，特别是那些传统金融服务难以触及的群体。这一模式不仅打破了时间和空间的限制，还有效降低了金融服务的门槛和成本，使得金融服务更加亲民、便捷。数字普惠金融还构建了完备的大数据风控系统，借助先进的技术进行智能化的风险控制，显著增强了风险管理能力。

普惠金融逐渐成为金融领域的研究热点，学者们对其进行了大量探索，一些成果受到了学界的广泛认可。

首先，普惠金融显著缓解金融排斥，惠及广泛群体。在普惠金融的发展历程中，其核心理念始终围绕着解决金融排斥和促进金融资源的合理配置。何德旭和苗文龙（2015）曾指出，普惠金融的实施是为实现金融资源的更优化配置，应该以缓解金融排斥为出发点。Cnaan 等（2012）的研究也进一步印证了这一点，他们认为普惠金融的推进能够有效地改善传统商业银行主导下金融体系中的金融排斥现象，为融资困难群体提供更多的金融支持。此外，Fuller 和 Mellor（2008）在早期的研究中就强调，普惠金融在初创阶段应具备一定的政策指导和福利色彩，其首要任务是缓解金融排斥。综合来看，普惠金融不仅为融资难群体开辟了更多的融资渠道，也有效地满足了他们的金融需求（孙英杰，2020）。这一系列的研究成果充分展现了普惠金融在优化金融资源配置、缓解金融排斥以及满足多层次金融需求方面的重要作用。

其次，数字金融有效助推减贫事业，彰显社会效应。Clarke（2006）与 Agnello（2012）等人的研究揭示，普惠金融在为农业、教育以及保险等多个领域注入金融支持的过程中，显著地减轻了农户所面临的融资压力，从而对减缓贫困产生了积极影响。这一发现证明了普惠金融在推动社会经济均衡发展中的重要角色，特别是在助力弱势群体和地区摆脱贫困方面发挥了不可替代的作用。

在国内，关于普惠金融对贫困减缓的研究也取得了丰硕的成果。罗斯丹等（2016）利用省际面板数据进行实证研究，结果显示普惠金融的减贫效应呈现出非线性特征，并且在不同地区之间存在显著的异质性表现。同时研究也表明数字普惠金融从国际层面、县域层面都具有显著的减贫效应（邵汉华，王凯月，2017；朱一鸣，王伟，2017）。

由此可知，普惠金融的推进在缓解金融排斥和减轻贫困方面取得了显著成效。通过加强普惠金融的发展，可以有效地拓宽融资困难群体的融资渠道，满足他们的金融需求，并实现减贫效应。未来的研究可以进一步深入探讨普惠金融的发展模式和政策支持，以更好地推动其发展和应用。

数字普惠金融凭借快速响应、精准服务定位、低成本运作和均衡化发展的独特优势，已经成为有效降低金融排斥现象并助力贫困缓解的重要推动力。这一新型金融模式不仅代表了传统金融领域的一次深刻变革，更是顺应了时代进步的趋势，成为一种既有利于国家发展又惠及民生的新路径。因此，应高度重视数字普惠金融的发展，积极推动其在更广范围、更深层次的应用，为构建更加公平、高效的金融体系贡献力量。

2.1.6 数字金融在金融风险和监管方面的研究

随着科技的飞速发展，计算机和移动设备不断更新换代，高科技设备已经渗透到人们日常生活的方方面面。在新一轮科技革命和产业变革的推动下，新兴技术与金融领域开始深度融合，催生了数字金融这一新生事物。无论是在我国还是在全球范围内，数字金融都呈现出蓬勃发展的态势。回顾数字金融的发展历程，可以发现，它在国外的起源可以追溯到贝宝的上线。而在中国，数字金融的里程碑事件则是2004年支付宝的推出。特别是2013年6月余额宝的面世，更是被业界公认为我国数字金融的发展元年。从那时起，数字金融在我国经历了短短10多年的发展历程，却取得了举世瞩目的成就。我国对数字金融的研究起步于2015年，北京大学数字金融研究中心在这方面进行了系统而深入的研究。与发达国家的数字金融行业相比，我国的数字金融在业务领域和发展路径上存在显著的差异。

数字金融作为金融领域的一种创新形态，正以其独特的优势和潜力引领金融业的发展方向。然而，当数字金融迅猛发展时，新型金融风险也随之而来，给金融系统的稳定性带来了严峻挑战。以下将从数字金融在消费领域的金融风险及监管、数字金融在数字金融机构运营平台的金融风险与监管、数字金融在数字服务领域的金融风险、数字金融在数据要素方面的金融风险研究进行文献综述。

2.1.6.1 数字金融在消费领域的金融风险及监管研究

数字金融在消费领域所呈现的业态形式，可以细致地划分为两大类：一是传统金融业务的在线化和网络化发展趋势；二是"金融脱媒"型互联网金融创新，如P2P借贷与股权众筹等。

传统金融业务的在线化和网络化发展趋势，在产品和服务上与传统金融存在明显差异，但其创新风险较低。杨东（2014）研究表明，尽管服务形态在数量上有所突破，服务和产品的核心并未改变，未对现行金融法体系和原理构成结构性影响。但需注意，这类数字金融革新可能引发的系统性金融风险不容忽视。

关于第二类数字金融业务，即互联网金融脱媒创新，如P2P网贷、股权众筹和地方金交所等，其运营模式与现行金融法规差异显著，这使得它们有时能够规避法律规制（杨东，2015）。尽管监管机构试图通过立法，如银保监会的《网络借贷信息中介机构业务活动管理暂行办法》和中国证券业协会的《私募股权众筹融资管理办法（试行）》（征求意见稿），将这些新型金融业务纳入法律框架内，但由于这些创新模式所带来的金融风险和社会问题日益凸显，互联网金融的监管政策逐渐收紧。因此，尽管这些创新模式在金融行业内有一定的影响，但它们仍难以获得金融法律体系的全面认可。

2.1.6.2 数字金融在数字金融机构运营平台的金融风险与监管研究

数字技术的广泛应用，使得数字金融服务平台和金融机构业务日趋融合，界限模糊，新一代信息技术的应用催生了个性化、分散化、数据化的生产组织方式，挑战了传统模式（吴晓灵 等，2021）。金融核心要素在数字平台和金融机构间流通，形成复杂的数字金融分工网络，呈现为"金融机构运营平台化"趋势。这一趋势体现在两方面：一是业务运营的生态开放化，数字技术平台与传统金融机构的合作加深，服务体验趋同；二是组织形态的金控集团化，数字技术平台形成实质上的金融控股架构，同时传统头部金融机构也形成金融控股公司架构。吴晓灵等（2021）的研究揭示，随着网络平台化和生态开放的趋势，数字金融机构需展现出高度金融控制力和业务综合性，以满足数字用户对综合性场景化金融服务的多元化需求。然而，金控集团化也带来公司治理、信息披露和透明度等问题，加大了外部监督和风险识别的难度（俞勇，2021）。

2.1.6.3 数字金融在数字服务领域的金融风险研究

金融服务正迅速智能化，涵盖信贷、证券、保险等领域，智能金融服务主要依赖人工智能技术，尤其是算法技术。在互联网平台上，数字金融机构凭借算法与丰富的计算资源，以数据为基石，为用户提供多样化的智能金融服务，如智能支付、智能贷款、智能投顾及智能保险等。它们依靠强大的数据分析能力，实现智能营销、风控、投顾和理赔。根据姚前等（2021）的研究，数字金融机构具备将专家决策智慧和人工智能技术相融合的能力。它们可以利用机器学习来执行复杂的风险控制操作，进而协助合作伙伴机构量化并妥善处理诸如反欺诈、反洗钱以及信用风险等关键性业务风险。

金融服务行为的算法化在提升服务效率和消费者体验的同时，也带来了新的风险挑战，尤其是对金融消费者和系统性风险治理。算法的黑箱属性削弱了监管力度，增加了侵权行为的风险；算法的偏见属性加剧金融歧视的风险；算法的趋同性引发新型的系统性风险。张玉宏等（2017）的研究表明，训练样本基于随机抽样而生成，就会造成少数群体的数据可能难以被纳入其中。这种情况会使得算法结果更倾向于反映被抽样而得到的训练样本群体的特征，从而产生算法偏见。这种偏见不仅反映了技术层面的客观缺陷，更可能在金融交易中导致明显的不公平性，如基于民族和职业的个体信贷歧视，或基于地域的群体信贷歧视。王怀勇等（2021）指出不同算法系统间出现输出相似结果或功能的趋势，这就是所谓的算法趋同性。数字金融中的算法趋同性可能会加剧市场的"羊群效应"，引发新型系统性金融风险。因此，需要密切关注算法趋同性对金融市场稳定性的影响，并采取有效的措施来防范和控制相关风险。

2.1.6.4 数字金融在数据要素方面的金融风险研究

金融机构、数字平台企业及现代制造业企业的核心竞争力相似，都需强大的客户获取能力、深度的客户理解和及时全面的产品服务提供。这些能力的基础是大规模、高质量、多场景的数据支持，而金融行业对此依赖尤为突出。金融数据直接映射主体行为，信息量大。数字金融时代，金融数据流通效率关乎金融安全与效率，为全球共识。金融数据产品被视为核心资产，虽会计准则尚未明确，但已在业内广泛视为"资产"进行管理。

中国金融数据产权制度体系的发展相较于金融数据行业的迅速崛起显得滞后，主要表现在两方面：首先，价值判断存在不均衡。在金融交易中，客户通过让渡数据权益来获取金融服务，若数据存在问题，可能导致合同失效并承担法律责任。因此，金融机构认为用于服务的个人和企业数据并非普通信息或商业秘密，呼吁在数据保护和金融服务间取得平衡。根据张化桥和张杼航（2021）的研究，监管过于严苛可能会对数字征信等金融数据行业的发展造成阻碍，并进一步妨碍公民金融权的广泛普及。其次，制度体系尚不完善。金融数据包括与身份相关的数据和其他类型数据。前者受征信法律体系规范，而后者，如物联网和工业互联网产生的数据，在评估资产价值和金融创新中具有重要作用。然而，目前缺乏针对这类非征信金融数据的法律规范。综上所述，为促进金融数据行业的健康发展，需要完善金融数据产权制度体系，平衡各方利益，并制定相应的法律规范。

2.2　居民消费结构影响因素的文献综述

2.2.1　居民消费结构的文献综述

关于居民消费结构的界定，国内外学者已有较多的探讨。

国外学者较早对消费结构进行了系统的研究。19世纪20年代，Edward首先提出了"消费结构"的概念，并将消费支出划分为不同的类别。经济史学家罗斯托（1991）认为消费结构随着社会经济的发展而变化，将人类社会的发展分为6个阶段，即传统社会、为起飞做准备、起飞阶段、向成熟发展阶段、高额群众消费阶段以及追求生活质量阶段。

国内最早对这一概念展开研究的是董辅礽，他于1963年就提出了"消费结构""消费模式"等几个问题。作为消费经济学的奠基人，尹世杰在1983年的《社会主义消费经济学》一书中，对消费结构做了清晰的界定，提出了在一个特定时期的经济环境下，消费结构是指在消费活动中，家庭在消费过程中所使用的各类消费材料的比重。厉以宁（1984）也专门提出了"消费结构"这一概念，他认为消费结构是一种比例关系，是各类消费资料的支出在总消费资料总支出中所占比重。然而，国内最早对消费结构问题进行系统研究的却是林白鹏，他于1987年出版的《中国消费结构学》一书，首次提出了"消费结构"这一概念，并提出了"狭义"与"广义"两种观点。从狭义上讲，消费结构是指国民在消费各种类型的消费资料和精神文化资料中，所产生的各种类型的消费数据量之间的比例关系。从广义上讲，消费结构是指在消费过程中，由各种生产元素按照特定的公式和次序形成的一种联系的总和，它不但包括了购买的各种消费材料和服务的比例，还包括了不同消费人群的消费支出的比重、个人消费与全社会消费的比重等。尹世杰（2007）则认为消费结构是指在消费过程中人们所消费的各种不同类型的商品和服务的比例关系。而文启湘（2005）认为消费结构的升级体现在居民对消费商品和服务的需求从低端到高端的转变，并对消费结构的动态演变进行了描绘，这与经济社会的发展规律相适应，经济发展程度越高，就越利于消费结构的升级优化。韩立岩和夏坤（2007）定义了一个新的指标——"发展系数"，用来表示医疗、教育、文化以及娱乐四大类消费支出在总消费中的占比。这个系数反映了消费结构的发展与升级趋势。李姗姗（2014）对城市和农村居民的消费特点进行了分析，结果表明城市和农村的消费特点有明显的不同，城市的消费热点主要集中在居住和娱乐方面，而服装、家用设施等则是农村地区的消费热点。徐秋艳等（2015）的研究揭示了我国居民消费过程中的显著特征和结构性变迁，他们认为以个人为中心的刚性消费所占的比例不断下降，如服装等，而医疗、文体娱乐、交通通信等消费所占的比例不断增加。吴瑾（2017）将消费结构从实物形态和价值形态两个方面进行了界定。在实物形态方面，消费结构是指在日常的总消费中，不同的消费材料和消费数量之间的关系。而在价值形态方面，消费结构是指根据统计局划定的八大类的比例关系，用金钱来表达的人们在日常消费过程中的各种生活消费资料。王巧巧等（2018）将消费结构分为三大类：生存消费占消费总量的比例，享乐消费占消费总量的比例和发展型消费占消费总量的比例。严奉宪和胡译丹（2018）研究表明，我国农村的消费结构发生了快速的转变，尽管其变化趋势比较慢，但其主要特征是消费热点发生了快速的转变，并且对此进行了异质性分析，得出了低收入人群比高收入人群更倾向于低收入人群，陈世辉和殷晓红（2019）也得出了类似的结论。曲迈伦（2021）通过对浙江、湖北等省份的实证研究，揭示了消费结构的不同对地区经济增长的拉动效应。

2.2.2 居民消费水平影响因素的文献综述

作为拉动国民经济增长的三驾马车之一，消费已经成为家庭居民日常生活的一部分，也是国民经济的一个重要组成部分。总体而言，影响居民消费水平的因素主要有两个方面：一个是微观层面的家庭和个人的发展状况，另一个就是宏观层面的国家和社会环境。

微观层次上对家庭和个人自身发展的影响，如家庭收入、受教育程度、消费习惯、家庭杠杆、流动性约束等都是从微观视角上影响家庭居民消费水平的重要因素。

凯恩斯（Keynes）的绝对收入假设和杜森贝利（Duesenberry）的相对收入假设，是国际上较早对居民消费水平进行的两项研究。凯恩斯（1936）在其著作中提出了消费依赖于收入的观点。当短期内消费者的收入增加时，消费支出也会随之增加，但当消费支出增幅低于收入增幅时，消费者的边际消费倾向呈递减趋势。杜森贝利（1967）提出"相对收入假设"，认为消费者的消费行为并非独立存在的，而是受到自身消费习惯及周边相关群体的消费水平影响，从而对消费行为做出相对的决定。莫迪利安尼和布伦伯格（1954）认为，消费者会在人生的各个阶段进行未来收入的最优化配置。在这一过程中，人们重视通过长期的消费规划，来实现最优的消费组合。弗里德曼（1957）提出了"永久收入假设"，即消费者以可预期的长期收入为基础决定其消费支出，即用长期收入来安排其整个人生的消费，从而实现效用最大化。罗伯特·霍尔（Robert Hall）于1978年在永久性收入假说中引入了理性预期，永久性收入假说与理性预期相结合，使消费变化具有不可预知性。理查德·萨勒（2016）则认为消费者会理性地对金钱进行分类管理与估算，是一种以"沉没成本"为导向的"心理账户"评估过程，并将这一过程称为"心理账户"。

近年来，国内学者对这一领域的研究，也取得了丰硕的成果。从收入角度来看，收入对居民消费水平的影响是比较直接的，且普遍认为收入是影响家庭居民消费水平的决定性因素。秦朵（1990）认为收入是调节消费的有力工具，我国家庭居民的收入和消费之间存在着一定的比例关系。唐文进和段海虹（1995）的研究表明中国居民平均消费倾向趋于稳定，但其边际消费倾向呈现递减趋势。Hou和Ai（2015）使用变系数模型也证明了收入水平对城镇居民消费有着显著影响。李实（2018）提出，应该在提升中国家庭居民收入水平的同时，努力缩小城乡之间的收入差距，并指出农村居民收入的增长对家庭居民消费有着更为显著的推动作用。消费偏好和观念对居民消费也具有明显的影响作用，而这些消费偏好和观念往往都是由以往的消费行为决定的。董雅丽和张强（2011）提出了品牌消费观、超前消费观对家庭居民消费具有一定的促进作用，而实用消费观对家庭居民消费具有一定的抑制作用。王敏琴等（2015）研究发现，我国农村居民当期的消费水平受他们消费习惯的影响，即存在"棘轮效应"。受教育程度对居民消费水平的影响，周弘（2011）通过对教育水平和消费之间的关系进行了分析，发现受教育程度越高，其消费水平就越高。城市化进程的加快、互联网的普及以及消费金融的发展都有助于拉动消费，提升家庭居民跨期消费的能力（宁吉喆，2016；邹蕴涵，2017）。也有研究表明家庭杠杆对居民消费水平具有显著影响，韩立岩和杜春越（2012）的实证结果表明，我国居民家庭借贷水平与家庭消费存在显著的负相关关系，尤其是在农村和中西部地区尤为明显。流动性约束对城乡居民消费水平也有一定的影响。程琦（2020）认为城乡家庭存在的未来不确定性是导致城乡居民消费水平较少和消费需求不足的直接因素。Zhang（2021）的研究发现，家庭成员的风险态度和金融素养会对其平滑消费方面的决策产生一定的影响。

宏观层面的国家及其社会环境的影响，如常用社会保障、人口结构、市场利率、城镇化、技术进步等来研究这些因素对居民消费水平的影响程度。

国际上，哈佛大学马丁·费尔德斯坦（1974）认为，社会保障制度可以通过"挤出效应"促进居民的消费。

国内学者已经从多个角度深入探讨了影响居民消费水平的因素。首先，政府财政支出对居民消费的影响受到了关注。于井远和王金秀（2020）的研究表明，增加政府公共服务支出可以有效地缩小城乡居民的消费差距，而罗宁波（2016）通过实证研究指出，财政支出对农村消费的促进作用并不如预期明显。其次，社会技术进步也被视为一个重要的影响因素。刘敏（2022）的研究揭示了互联网使用对居民家庭消费水平的显著促进作用，特别是提升了精神消费在家庭消费中的比重。刘湖等（2016）的研究则表明，随着网络支付的发展，农村居民的消费结构正在由低层次向高层次转变。孔伟成等（2011）还发现，第三方支付安全性的提高在一定程度上增强了消费者的信任度，进而促进了他们的线上线下消费行为。在城镇化方面，王健和赵凯（2020）通过实证检验揭示了城镇化和老龄化对城乡居民收入差距的不同影响。胡日东和苏梽芳（2007）利用实证分析证明了城镇化率的提高对居民消费增长的促进作用，特别是对农村居民具有较强的积累效应。再次，人口结构对消费的影响也被广泛探讨。严先溥（2019）指出新增人口的刚性需求对消费具有推动作用。茅锐和徐建炜（2014）强调居民年龄结构是影响消费结构的重要因素，而申小菊和吕学静（2014）的研究显示，相比儿童抚养比，老年抚养比的变化对中国居民消费率的影响更大。从次，市场汇率与利率的变动同样对居民消费产生影响。余永定和李军（2000）根据长期收入假说和生命周期假说构建的消费函数模型揭示了利率与消费之间的负相关关系。顾紫荆（2018）则探讨了人民币汇率变动可能通过四种方式对消费产生的影响。在社会保障方面，章君蕊（2018）认为社会保障水平的差异是导致城乡居民消费差异的原因之一。最后，在消费环境方面，白桦（2019）强调了中国在提升消费环境、居民消费和经济增长之间协调性的重要性。这些研究为我们提供了全面的视角来理解和分析影响居民消费水平的多元因素及其相互关系。

2.2.3 居民消费结构影响因素的文献综述

林白鹏在《中国消费结构学》一书中对消费结构的影响因素做了较系统的研究，从社会再生产制度的内在要素和外在要素的角度出发，对消费结构的影响因素进行了详细的论述，并指出了一些对居民消费结构起着决定性作用的因素，如居民收入水平、价格因素、产业结构、消费信贷、城乡差距、消费者偏好、人口结构等。而目前已有的关于居民消费结构的研究成果，大多数也是基于上述影响因素展开的。

针对居民收入水平如何影响消费的问题，国内学者进行了深入研究。姚勇和董利（2003）的实证研究显示，居民收入的增长会加速消费结构的演变，而收入差距的扩大则可能引发消费层面的不均衡。俞剑和方福前（2015）从农业、工业和服务业产品三个维度，探讨了我国居民消费结构的变化，并认为收入提升对居民消费结构的优化起到了推动作用。进一步地，张慧芳等（2017）聚焦于居民收入结构对消费结构的具体影响，他们发现，工资收入和转移收入是推动居民消费结构升级的主要因素，而经营性收入和财产性收入的影响则相对局限，主要对某些特定消费群体的行为产生作用。顾欣和应珊（2018）的研究也表明，由于城市居民收入水平的差异，他们的消费类型存在显著区别，这种差异进而影响了整体的居民消费结构。因此，收入水平是影响居民消费结构和消费行为的关键因素，不同类型的收入对消费的影响机制和效果也各不相同。这些研究为理解居民收入与消费之间的关系提供了重要视角。

考虑居民的主观因素，居民消费结构跟居民的消费偏好和消费心理等有关。闫新华和杭斌（2010）的研究表明，在不确定因素的作用下，中国农村居民的消费行为可能会受制于传统的保守性消费行为，进而对其消费构成产生一定的影响。王雪琪等（2016）研究发现，消费习惯与消费理念会对消费结构产生显著的影响，居民现期的消费行为往往受往期消费情况的影响，因此，提高消费者的消费理念有助于促进我国居民消费结构升级，从而促进经济发展。陈浩和宋明月（2019）同样认为，城镇居民的消费习惯对居民消费结构有一定的影响，居民的生存型消费在其总消费的比重得不到降低，进而制约了城镇居民的消费结构升级。

从长期来看，居民消费结构还与人口年龄结构有关。王雪琪等（2016）的研究结果也包含了居民消费习惯和人口年龄结构之间的联系，利用 GMM 模型对其进行了分析，结果表明各年龄段的消费需求存在明显的差异，并且每个年龄段的消费都受其相应的消费习惯的影响，且这种影响呈现出比较强的惯性，例如青少年对文化娱乐有强烈的需求，而老年人对住房和医疗又有较大的需求。茅锐和徐建炜（2014）通过对各年龄层家庭的消费行为进行研究，得出了不同年龄阶段的家庭消费行为存在较大差异。

从价格因素考虑，考虑到生活必需品和高层次消费品的敏感性不同，此时对消费结构的影响也就不同。宗成华等（2016）的研究显示，在低收入区域，粮食价格上涨将导致居民对其他产品的消费需求下降。而最近几年，房地产价格因素的作用尤为明显，大多数学者认为，房价的上涨对居民的消费具有"挤出效应"，房价的不断上涨将使居民不得不减少对其他商品的消费。范叙春（2016）通过研究各类消费领域中的物价水平，发现物价水平对居民消费结构具有显著的影响，特别是作为生存型消费的食品价格的上涨对居民消费结构的升级具有阻碍作用。魏勇和杨孟禹（2017）研究发现，物价的平稳增长和高档奢侈品的价格下跌对居民消费结构具有促进作用，但是当经济活动中的不确定因素增多时，城镇居民的消费支出就会受到抑制，同时也会减少对高档奢侈品的消费支出，从而抑制居民消费结构的升级。

不同地区之间的差异对居民消费结构的影响也是值得去探讨的。根据陈建宝和李坤明（2013）的研究，在消费习惯上，农村居民主要侧重于满足基本生存需求的消费，而城市居民则更倾向于追求享受型和发展型的消费方式，这表现出城市居民相较于农村居民有更高的消费能力。该研究揭示了城镇居民与农村居民在消费水平上存在显著的差异。李江一和李涵（2016）通过对城镇居民的收入差距与消费结构进行分析，结果表明城镇之间的收入差距对居民消费结构的作用呈现较大的差异，当收入差距扩大时，会促使农民向往城市的生活消费品质，增加发展型消费。胡日东等（2014）在对收入差距进行相关分析时，发现随着收入差距的变化，城乡居民消费结构会呈现出不同的变化情况，其中在食品、出行和居住等方面尤为明显。

家庭居民的消费信贷情况对于居民消费结构也是一个重要的影响因素。Mccarthy 等（1997）认为，家庭的负债过多会抑制该家庭的消费，从而对居民消费结构的升级产生负面影响。但是，如果一个家庭在将来可以得到一个相对乐观的收入，那么，负债对该家庭的消费就会有一定的正面影响。张雅淋等（2019）通过研究发现，"房奴效应"会对居民进行发展型和享受型消费产生不利影响，进而抑制了家庭居民消费结构的升级，他们指出共同债务对居民家庭消费结构有明显的积极影响。当然，居民消费结构还受许多因素的影响，城镇化、技术进步、国家政策、经济发展等因素的影响。杜丹清（2017）提出，消费结构升级受内生性因素（收入、消费心理等）和外生性因素（技术进步、国家政策等）两个方面的影响。Brown（2011）的研究表明，由于"攀比效应"的存在，中国城乡居民收入差距的扩大会显著影响消费行为。程名望和张家平（2019）通过构建泰尔指数来实证分析互联网发展对城乡居民收入差距的影响，发现互联网的发展可以有效地缩小城乡居民收入差距，且该效应具有明显的差异性，从而对居民消费水平的提升具有一定的推动作用。汪伟和刘玉飞（2019）的研究揭示，就地区差异而言，城镇化对居民消费结构优化的推动作用在东部地区显得更为显著，相比之下，在中部和西部地区的这一作用则表现得相对较弱。若从城乡角度来看，农村地区相较于城镇地区，城市化对居民消费结构的优化影响明显减弱。尚华伟（2019）研究发现，与正规金融和非正规金融相比，数字金融能更加有效地支撑城乡居民消费结构的升级。

2.3　数字金融影响居民消费结构的文献综述

2.3.1　数字金融影响居民消费水平的文献综述

随着北京大学编制的数字普惠金融指数的发布，数字金融对居民消费影响逐渐成为比较热门的研究领域。而通过查阅与整理相关文献可以发现目前大部分关于数字金融对居民消费水平影响的研究，主要是从数字金融发展对居民消费影响的渠道机制、居民收入水平、城乡和地域的异质性以及数字金融发展的维度等研究视角来分析。此外，需要说明的一点就是，数字金融发展过程中最大的优势就是其支持了普惠金融的发展（黄益平，2018），而所谓数字普惠金融，则指借助数字金融模式实现的普惠金融服务（郭峰　等，2021），确保更多长尾用户群体以低成本参与相关金融业务。因此，研究数字普惠金融对居民消费的影响，也可以看作研究数字金融对居民消费水平及其消费结构的影响。

从数字金融发展的覆盖广度、使用深度以及数字化程度三个维度考虑，各个学者的研究结论各有千秋，个别学者之间的研究结论甚至还一致。郝祥如（2021）基于城乡二元经济结构研究数字金融的发展对居民家庭消费水平的影响，发现数字金融的覆盖广度和数字化程度对农村居民家庭消费水平的提升作用比对城镇居民家庭消费水平的促进作用更大，而数字金融的使用深度则相反。唐倩倩（2022）以31个省（区、市）2011—2019年的面板数据为研究对象，采用基准模型、门槛模型等进行实证分析发现覆盖广度、使用深度以及数字化程度对居民消费水平具有显著的正向影响，蒋竹媛（2020）和南永清（2020）同样在相关的研究中得出以上结果。张继军（2022）通过2011—2019年北京大学数字普惠金融指数与山东省的相关经济数据发现，数字普惠金融覆盖广度对农村居民消费水平影响更大，而数字普惠金融使用深度没有对农村居民消费水平产生显著的促进作用。郭净等（2023）基于我国2012—2020年的地级市面板数据，通过建立双向固定效应模型进行分析发现数字普惠金融的覆盖广度和使用深度相较于数字化程度对居民消费水平的促进作用更大。

从城乡发展和区域分布的差异性考虑，数字金融对居民消费水平的影响会随着地域和城乡经济水平的不同呈现出异质性。贾红丽（2021）的实证研究揭示，相较于城镇地区，数字普惠金融的发展对农村地区的消费支出有着更为显著的推动作用。同时，该研究还发现，在比较东部、中部和西部三个地区时，数字普惠金融对西部地区居民消费水平的提升效果最为明显，中部地区的提升效果则相对较弱，不及西部和东部。郝祥如（2021）的研究同上述也有类似的结果。黎翠梅和周莹（2021）研究发现数字普惠金融对农村居民消费的影响存在差异，经济发达地区主要表现为正向的空间溢出效应；经济中等地区的直接效应显著为正，空间溢出效应则显著为负；而经济落后地区由于数字普惠金融的发展滞后使得该地区的农村消费的影响基本不显著。

如前所述，数字金融对家庭居民消费水平的影响在很大程度上也是和居民的家庭收入情况相联系的，不同收入的家庭，数字金融发展所带来的促进作用是不同的，而在这方面的研究成果也是比较多的。易行健和周利（2018）的研究发现，数字化普惠金融对于推动农村家庭、中低收入家庭以及欠发达地区家庭的消费具有显著效果。同时，研究还揭示，家庭成员的文化程度和认知水平等因素也会对数字化普惠金融的消费促进效应产生影响。高远（2019）、陈晓霞（2020）以及唐世辉（2020）的研究均表明，发展数字化普惠金融能够通过促进居民收入水平进而促进居民消费结构升级。张栋浩（2020）发现数字普惠金融对不同收入家庭的影响存在差异，其中对低收入家庭的影响最大，对高收入家庭的影响最小，而中等收入家庭的影响居于中间。

从金融发展的重要指标（支付、保险和信贷等）考虑数字金融对居民消费水平的影响。随着数字金融的发展，相关数字金融服务的出现对居民消费水平的影响是比较直观的，且数字金融发展所带来的数字支付的便捷性对居民消费水平的影响最大，该方面的研究也有比较多的研究成果。Grossman 和 Tarazi（2014）以及 Dupas 和 Robinson（2013）等研究发现家庭居民过度的收支波动会给家庭带来极大的不确定性与风险，而数字保险能够有效降低这种不确定性，进而提升居民的消费水平。傅秋子和黄益平（2018）通过分析发现数字普惠金融可以通过网络购物、互联网商业保险和数字支付服务的中介途径来对家庭居民消费产生作用。易行健和周利（2018）以中国家庭微观数据为基础，对数字化普惠金融的内部传导机制进行整理分析，得出数字普惠金融可以从收入、移动支付、消费信贷、保险等方面来推动消费的结论。郭华等（2020）运用 SGMM 模型，发现数字金融覆盖广度数字支付服务以及数字投资服务的增加都可以有效提高农村居民的消费水平，但是数字支付服务所产生的居民在非现金支付上的心理账户效应对消费的促进作用更加显著。

也有一些学者从其他研究视角来研究数字金融对居民消费水平的影响。王刚贞和刘婷婷（2020）研究发现数字普惠金融的发展在交通和通信、医疗保健等消费领域具有显著的作用。也有人认为数字金融的发展主要是通过降低流动性约束、优化支付环境、增加财产性收入和提升居民风险管理能力等四个渠道来促进家庭居民消费升级（黄凯南，郝祥如，2021）。吴迪（2022）构建空间杜宾模型检验数字金融对消费升级的直接效应与空间溢出效应过程中，通过进一步的机制分析发现数字金融可以提高某地区家庭居民的风险管理能力，从而促进当地居民消费升级。王文姬和夏杰长（2023）在对2013—2020年中国数字金融作用于地区经济增长机制进行研究时发现拉动家庭居民消费是数字金融推动经济增长的重要机制，在这个过程中主要是生存型消费起到了中介机制的作用。

2.3.2　数字金融影响居民消费结构的文献综述

目前查阅与整理已有的相关文献，发现关于数字金融对居民消费结构影响的研究大部分是与居民消费水平结合起来的，而专门研究数字金融对居民消费结构的影响的比较少，且对居民消费结构的影响在很大程度上是从居民消费结构升级的角度来展开，上一节所提及文献关于数字金融对居民消费水平的影响有相当一部分也是伴随着居民消费结构的变动而产生影响。

除上述外，各学者关于数字金融对居民消费结构的影响都有自己的理解，对居民消费结构变动的作用机制认识和分析的角度也不尽相同。从非线性角度考虑，张山珊（2020）通过GMM模型对农村居民消费结构进行实证分析，发现数字金融的发展对农村居民消费需求结构产生了非线性影响，且相较于消费层次较高的城镇居民，其对消费层次较低的农村居民的拉动效应更加明显。朱春梅（2021）从城乡、区域、收入阶层和高低数字普惠金融水平四个方面进行异质性分析，发现以上方面对居民消费结构的升级均有明显的促进作用，且分别在农村、东部地区、中低收入的家庭和高数字普惠金融水平的地区居民消费结构升级的促进作用更加明显。何南依孟等（2023）基于六市农村地区相关数据进行实证研究，分析认为数字金融通过数字技术的便捷支付方式，缩小农村地区的收入差距，促进了农村地区消费需求，缓解了农村居民的流动性约束，从而促进消费结构的升级。李平和李伯楷（2023）研究发现数字金融通过提高地区第三产业和高技术劳动者的就业比重来促进该地区的居民收入和消费水平的提高。白昊东的研究认为支付、保险、信贷和投资四个业务对农村居民消费结构的升级影响都具有显著效应，而仅有投资和信贷两个业务对于城镇居民消费结构的升级起到显著作用。

2.4　文献评述

这一章主要是对数字金融、居民消费结构以及数字金融影响居民消费结构的相关文献进行梳理和归纳。

首先，对数字金融的相关研究进行了详细的梳理与总结。随着科技的飞速发展，数字金融作为金融与科技深度融合的产物，正逐渐渗透到经济社会的各个角落。特别是在支付、信贷、保险、投资以及普惠金融等领域，数字金融的创新应用不仅重塑了金融服务模式，也对居民消费产生了深远的影响。

数字支付，以移动支付、二维码支付等为代表，极大地便利了居民的购物和交易过程。相关研究表明，数字支付的普及显著提升了消费频率和消费金额。一方面，数字支付减少了现金携带的不便和安全问题；另一方面，它也使得消费者更容易追踪和管理自己的消费行为。此外，数字支付还促进了线上消费市场的繁荣，为消费者提供了更多选择和便利。

数字信贷通过大数据、云计算等技术手段，降低了信贷门槛，提高了贷款效率。这使得更多消费者能够获得贷款支持，从而提升了其消费能力。然而，数字信贷也带来了消费过度和债务风险等问题。一些研究指出，部分消费者在数字信贷的刺激下过度消费，导致债务负担加重。

数字保险利用互联网和大数据技术，为消费者提供了更加个性化、多样化的保险产品。这些产品不仅降低了保险成本，还提高了保险覆盖率和理赔效率。数字保险的发展为消费者提供了更全面的风险保障，从而增强了其消费信心。例如，旅游保险、健康保险等产品的普及，使得消费者在相关领域的消费更加放心。

数字投资平台如网络证券交易平台、线上基金销售平台等，为居民提供了更加便捷的投资渠道。这使得居民能够更容易地参与到资本市场中，分享经济发展的成果。同时，数字投资也提高了居民的财富管理水平，使其能够更好地规划自己的消费和储蓄。然而，数字投资也伴随着市场风险和操作风险等问题，需要投资者具备相应的风险意识和投资知识。

数字普惠金融致力于运用先进技术手段，拓宽金融服务的覆盖范围，提升其可获得性，重点服务于农村地区及社会弱势群体。相关研究表明，数字普惠金融的发展显著提高了这些群体的消费能力和消费水平。例如，移动支付在农村地区的普及使得农民能够更方便地购买农资产品和生活用品；网络小额贷款则为小微企业提供了资金支持，促进其业务发展。

虽然数字金融为居民消费带来了诸多便利，但其风险也不容忽视。数据安全、隐私泄露、欺诈等问题时有发生，给消费者带来了经济损失和心理压力。这些风险不仅影响了消费者的信心，还可能对其消费行为产生长期的负面影响。因此，加强数字金融监管、提高风险防范意识是保障消费者权益和促进数字金融健康发展的关键。

综上所述，数字金融在支付、信贷、保险、投资以及普惠金融等领域的发展对居民消费产生了深远的影响。这些影响既有积极的一面，也有需要警惕的风险。未来，随着技术的不断进步和监管政策的不断完善，数字金融有望在促进居民消费方面发挥更加积极的作用。

其次，分别对居民消费结构、居民消费水平诸多影响因素以及居民消费结构诸多影响因素进行整理和归纳。

从关于居民消费结构的相关研究来看，各学者对于消费结构都有自己的理解，且不完全统一。梳理发现：消费结构，可以理解为在消费过程中，各类消费资料所占的比重，它反映了消费者的消费偏好和消费能力。另一种观点则是将消费结构看作一种比例关系，具体表现为各类消费资料的支出在总消费支出中的占比，这种比例直观地展示了消费者的消费习惯和经济状况；也有从"狭义"和"广义"的角度认为，狭义是指消费过程中各消费数据量之间的比例关系，广义则是指各种生产元素按照特定的公式和次序形成的总和；有把消费结构比作"发展系数"的，即将医疗、教育等四大类消费支出的总和在消费支出中所占的比例视为消费的"发展系数"；从实物形态和价值形态两方面进行考虑，实物角度认为消费结构是不同消费材料和消费数量之间的关系，价值角度认为消费结构是指根据八大类的比例关系，用金钱表达的人们在日常消费过程中的各种消费资料；还有人认为应将消费结构分为三大类，即生存型消费占消费总量的比例、享乐型消费占消费总量的比例以及发展型消费占消费总量的比例。

对居民消费水平的诸多影响因素进行归纳总结，梳理发现影响居民消费水平的因素主要是从微观层面和宏观层面两个方面考虑。微观层面上，家庭收入是影响消费水平最直观且最主要的因素，缩小城乡收入差距有助于促进家庭居民消费；消费偏好对居民消费的影响较大，居民现期的消费情况往往受以往消费行为和传统消费观的影响；受教育程度对居民消费水平的影响随着社会的进步而逐渐显著，居民受教育程度越高，其消费水平往往也就越高；家庭杠杆对居民消费水平也有较大影响，一般来说居民家庭借贷水平和居民消费消费水平呈负相关关系；居民家庭未来的不确定性的增大会促使家庭储蓄的增加而导致城乡居民消费水平的下降。宏观层面上，完善的社会保障有助于提升城乡居民的消费水平；人口结构也是影响居民消费水平的重要影响因素，例如老年人口的增加，在食品、医疗等方面的消费支出也将增大；市场利率和汇率的变动对居民消费水平也有一定的影响，其中利率升高会促使居民进行更多的储蓄以应对未来的不确定性，使得居民减少消费支出；而汇率则通过财富效应、收入效应等来对居民消费产生影响；城镇化率的提高有助于促进居民的消费增长，且对农村居民具有较强的积累效应；社会技术进步对居民消费水平的提升具有显著作用，如第三方支付的产生提高了消费者线上线下消费意愿；政府对社会公共服务支出的增加能够有效地缩小城乡居民之间的消费差距。除上述因素外，还有许多诸如房价、金融素养和商品价格等也是影响居民消费水平的重要因素。

对居民消费结构的影响因素进行归纳总结，发现居民消费结构的变化往往是随着居民消费水平的变化而变化的，也就是说，对居民消费结构的影响穿插在对居民消费水平的影响中。家庭收入水平提高，促进居民消费层次的提升，居民消费结构升级也将加快；传统的保守型消费行为是阻碍居民消费结构升级的重要原因之一，提高消费者的消费理念有助于促进居民消费结构的升级；由于不同年龄带的消费需求呈现差别，导致居民消费结构也呈现出明显的差别；一般情况下物价的平稳增长和奢侈品价格下降对居民消费结构升级具有促进作用；城乡居民收入差距扩大会促使更多的农村居民向往城镇的消费品质，发展型消费增加，居民消费结构发生变化；家庭信贷情况是影响居民消费结构的重要影响因素，家庭居民迫于经济压力将减少消费的支出，但在某种情况下又会呈现出积极的影响，比如共同债务的出现。此外，城镇化、技术进步、国家政策和经济发展水平也是影响居民消费结构的重要影响因素。

最后，从数字金融的角度，整理和分析数字金融对居民消费水平和居民消费结构的影响，发现数字金融对居民消费水平和居民消费结构的影响主要是从数字金融发展对居民消费影响的作用渠道机制、居民收入水平、城乡和地域的异质性以及数字金融发展的维度等研究视角来分析，其中对居民消费结构的影响主要是从消费机构升级的相关方面。关于数字金融发展的三维度（覆盖广度、使用深度和数字化程度）对消费影响的研究，研究成果丰富多样。普遍认为覆盖广度、使用深度和数字化程度总体上对家庭居民的消费水平和消费结构具有促进作用，而具体到某一维度时，其在地区和区域上呈现出异质性。收入不同的家庭，数字金融的发展对居民消费结构升级的促进作用也有所不同，且在不同的区域存在异质性。数字金融发展而产生的业务服务（支付、保险、信贷等）对居民消费也具有显著的影响，其中数字支付所带来的便捷性对居民消费的影响作用最大，对缓解农村居民因流动性约束而导致的消费不足具有积极作用。此外，不同业务在不同地区和区域的影响也存在相应的异质性。除上述影响因素外，随着数字金融的发展而对居民消费产生影响的因素还包括作用于通信、医疗、居民风险管理能力和产业结构等，都对居民消费具有显著作用。

基于上述分析，发现从数字金融的角度对居民消费水平和消费结构影响的研究相较于其他视角，其研究范围和角度相对较窄和单一。数字金融和消费之间的联系发展相对较晚，北京大学编制的数字普惠金融指数发布以后，数字金融对居民消费的影响才逐渐成为热门的研究领域，但通过整理分析可知，大部分研究是在数字普惠金融指数的基础上，结合各省级面板数据进行研究。在整理已有研究相关文献过程中，发现现有的文献主要有以下几点不足。

第一，对数字金融发展的研究，多数是在数字金融发展的现状分析基础上，从理论上对数字金融发展在社会经济和金融业的影响进行定性分析，而从定量角度来进行研究的比较少。研究内容上主要集中在数字金融的内涵、属性和发展趋势等角度，研究过程中交叉点较多，对数字金融的整体研究比较少，数字金融的概念界定比较模糊。

第二，从数字金融发展影响居民消费的作用机制来看，多数是从传统的消费理论出发，作用于外部因素而实现对居民消费的影响来进行研究，而对于数字金融发展如何通过作用于内部因素（消费心理、消费行为等）来对消费产生影响的研究比较少，分析过程比较粗糙。

第三，从数字金融发展对居民消费的影响来看，内容上对于居民消费水平和居民消费结构两个不同的概念，两者常被混为一谈，很少独立地进行详细分析。此外，考察数字金融发展对居民消费结构影响的研究相对较少；在相关因素的异质性分析上，研究结论差异较大，甚至出现不一致的结论，而对上述异质性结论呈现出差异的原因进行实证检验和理论机制分析的学者几乎没有。

总体而言，目前关于数字金融和消费之间的研究成果相对较少，在理论分析、异质性检验和作用机制分析方面还有许多不足。下面将在已有学者的研究基础上，对上述几个方面进行分析和拓展，使数字金融和消费特别是居民消费结构的理论和实证研究更加丰富。

3　数字金融与居民消费结构现状分析

3.1 数字金融概念界定及发展现状

3.1.1 数字金融概念界定

近几十年来，金融与科技的结合在我国发展迅猛，给传统金融行业带来了革命性的变化，"金融＋科技"的组合产物层出不穷，从早期的电子金融、网络金融，到现在的金融科技、互联网金融和数字金融，这些组合在中国促进了金融服务的便利化和金融包容性的提高，推动了金融风险管理的创新，并给金融监管带来了新的挑战和机遇。本书所使用的概念是数字金融，并在这一节先将其与金融科技和互联网金融的相关概念做一个对比，以方便后续使用数字金融的相关概念进行更深入的分析。

互联网金融最早是由谢平等（2012）提出来的，并认为以手机银行和P2P融资为代表的互联网金融模式能够为个人提供新的投融资渠道和便利，满足普通民众的金融需求，且办理过程更加简便、灵活。随后国内学术界对"互联网金融"这一术语进行了激烈讨论，讨论焦点则在于当传统金融机构使用互联网与信息通信技术为客户提供相关金融服务时的过程是否应纳入互联网金融的范畴内。多数学者持反对意见，不认为传统金融机构在使用相关技术时只能称为金融互联网（赫国胜，柳如眉，2015；吴晓求，2015），而互联网金融更多的是指新兴互联网企业凭借其自身的互联网技术创新和强大的科技能力进行的一系列与金融相关的活动。此后2015年中国人民银行等十部门发布《关于促进互联网金融健康发展的指导意见》首次对互联网金融的概念进行界定，互联网金融是传统金融机构与互联网企业利用互联网技术和信息通信技术实现资金融通、支付、投资和信息中介服务的新型金融业务模式。其发布后几年这一概念也广泛地出现在国内学术界之中。

"金融科技"这一概念最早是由花旗银行在1993年提出的，金融科技是由"金融"与"科技"两个词结合起来的。学术界关于金融科技的研究多数是强调"科技"方面的应用，即更加强调企业在提供金融服务过程中的技术创新，注重科技层面。2019年金融稳定理事会（FSB）[1]对金融科技进行了进一步的概念界定，即金融科技是指技术带来的金融创新，能够产生新的商业模式、应用、流程或产品，从而对金融服务的提供方式产生重大影响。我国央行在2019年[2]也对金融科技给出了定义，强调金融科技是技术驱动的金融创新，旨在运用现代科技成果改造或创新金融产品、经营模式、业务流程等，推动金融发展提质增效。至此，从FSB和央行发布的定义来看，两者都强调金融科技是指科技公司使用科学技术为客户提供金融服务和产品的过程。

数字金融的相关理论发展较晚，但数字金融起始点却比较早，而我国数字金融的起始点最早可以追溯到2004年支付宝账户体系的上线，但多数金融领域和业界专家都倾向于把2013年余额宝的问世作为我国数字金融发展元年。到了2018年，黄益平在"互联网金融"的基础上提出了数字金融的概念，他提出数字金融是一个广泛的概念，它涵盖了传统金融机构和互联网公司运用数字技术来开展融资、支付、投资等一系列创新的金融业务模式。几年后，他又给出了更加通俗的解释，即凡是使用数字技术（互联网、云计算、大数据、区块链和人工智能等）的金融业务都属于数字金融的范畴。数字金融的概念一经提出，立刻在国内学术界引起反响，越来越多的学者把目光集中在数字金融领域进行相关的学术研究。数字金融本质上依然是金融，尽管数字金融借助创新的数字技术推动了诸多金融革新，但其核心的"中介性"和"风险性"特征并未因此而有所变化。而国外学者Gomber和Koch（2017）认为数字金融是指金融领域中的各类金融产品的数字化，例如数字支付、数字服务、数字技术以及其他传统金融产品的数字形态。也有认为数字金融涵盖了所有的金融产品、服务、技术和基础设施，让个体和企业无须到银行的相关机构就可以直接与金融服务提供商进行交易，网上支付、储蓄和贷款（Ozili, 2018）。

互联网金融、金融科技和数字金融三者既相互联系又有差别。它们在相互联系中所表现出来的共同点是主要的，它们都反映了金融和技术的结合，都是以数字化技术为基础的金融创新活动的总结，三者之间的概念基本相同。而它们的差别是次要的，互联网金融相对金融科技和数字金融而言，它强调金融机构利用互联网技术实现支付、融资等金融业务；金融科技则强调金融机构如何通过技术手段向客户推广其金融产品和金融服务等业务，以科技创新为主，并将其与金融业务相结合；而

---

① 2019年2月14日，金融稳定理事会（FSB）发布 *FinTech and market structure in financial services*：*Market developments and potential financial stability implications*。

② 中国人民银行2019年9月6日印发《金融科技（FinTech）发展规划（2019—2021年）》。

数字金融这个概念更加中性，其所涵盖的业务范围更加广泛，通常包括支付、融资、投资和保险等多个领域。

在本书下列章节的研究中，所使用到的是数字金融的概念，实际上更多的是指互联网金融、金融科技和数字金融三者相互联系所体现出来的共性。因此后面章节就不再区分这三者了，换句话说提及数字金融实际上也涵盖互联网金融和金融科技等相关概念的内容。

3.1.2　数字金融发展历程

我国数字金融技术相比国外起步较晚，早在二十世纪六七十年代，英国和美国就相继建立了自己的电子自动结算系统，开启了传统金融机构数字化时代。而我国从1999年中国人民银行发布了《关于金融机构开展电子银行业务的指导意见》，才标志着中国传统金融机构开始正式进入电子银行领域。随后十几年来，国内各大银行机构相继推出网上银行和手机银行业务，推动了传统金融机构向互联网转型，使金融机构能够利用互联网技术，在线上为客户提供相关的金融服务类业务，这一时期也是我国数字金融发展的第一个阶段。数字金融发展的第二个阶段以支付宝的出现为起点，特别是从互联网元年（2013）开始，"余额宝""花呗""财付通"和"微信支付"等以网络平台的形式深入大众的日常生活，涉及信、贷、汇等多个方面的金融业务，并已形成一定的规模，是这一时期我国金融体系重要组成部分。从这一阶段开始，一些科技公司和互联网巨头开始涉足金融行业。随着信息技术的发展，它们不再仅仅给传统金融机构提供技术支持，而是依靠自己强大的信息技术能力和高效的数据处理能力，为客户提供高效、快捷、便利的相关金融业务，这让金融科技公司在飞速发展的同时，也给传统金融机构造成了不小的冲击。随着移动互联网、人工智能和大数据等技术的迅猛进步，传统金融机构在互联网金融领域的应用得到了持续增强，这标志着第三个发展阶段的到来。各大传统金融机构纷纷推出了在线支付、P2P转账、贷款申请、理财服务等一系列互联网金融产品和服务。金融科技公司也开始跟传统金融机构开展深度合作，依托最新一代数字技术（移动支付、大数据、区块链、云计算以及人工智能等），使得传统金融业务能够突破"信用"框架和地域空间壁垒，确保我国数字金融得到充分发展，在这一阶段，我国数字金融的发展重点主要集中在第三方移动支付和P2P网贷等领域（郝祥如，2021）。

短短数十年，我国在数字金融取得了飞速的发展，数字金融的相关产物以及应用创新冠绝全球，我国第三方移动支付、数字保险、数字货币以及网络贷款等业务规模在世界范围内遥遥领先，蚂蚁金服、京东金融等更是位于全球五大数字金融公司之列（黄益平，2018）。而我国数字金融能取得如此成就，主要归因于技术优势、正规金融部门供给不足以及监管部门的相对容忍（黄益平，2018）。

第一，技术优势的显现为数字金融的发展提供强有力的支持。数字金融是在金融科技的基础上金融与科技的深度融合，社会经济的发展必然伴随着投资、信贷、支付等业务需求量的急速增长，现有的金融手段已不能适应金融业务数据量庞大且分散、商业模式复杂多样的特点，急需科技创新来进一步推动金融体系和金融业务的革新。例如，云计算可以提供大数据分析和人工智能等技术的支持，帮助金融机构挖掘数据价值和提供个性化的金融服务。通过云计算平台，金融机构可以进行更精准的风险管理、客户关系管理和市场预测等工作。

第二，正规金融部门供给不足。目前国内经济正处于转型升级阶段，传统金融部门金融服务不足、覆盖面窄以及门槛高的问题突出。近几年来，传统的正规金融部门所提供的金融产品和服务的种类与质量有限，难以满足广大用户的多样化和个性化需求。缺乏创新的金融产品和服务将制约数字金融的发展，无法充分发挥科技创新在金融领域的潜力。在这种情况下，金融服务水平的不完善，金融服务适配目标出现"偏移"，为数字金融的崛起提供了充分的发展空间。数字金融的本质在于利用技术的力量，改变传统金融的组织形态、业务模式和服务方式，使金融服务更加便捷、高效、安全和普惠。通过电子化、网络化和智能化手段，对传统金融业务进行创新和变革，实现金融服务的数字化和普惠化。

第三，监管部门的相对容忍。监管部门为金融科技企业提供了一定的宽松环境和机会，鼓励他们开展金融科技创新活动，促进数字金融的发展与创新。例如监管部门简化了金融科技企业的准入条件和审批程序，提供了更加便利的金融科技创新环境，第三方支付、网络信贷等也是在这种情况下发展起来的，这或许也是我国数字金融能够在全球范围内暂时领先其他国家的一个重要原因。然而，相对容忍并不意味着无限放松监管，监管部门仍然需要保障市场的稳定和消费者的权益，确保数字金融发展的安全和可持续性。

3.1.3 数字金融现状

我国数字金融发展相比发达国家起步较晚，传统金融部门的数字化是在2000年后才开始逐步实现的。数字金融依托互联网这一平台向各类市场主体提供金融服务，从传统金融部门使用数字技术，到互联网科技巨头进军金融行业，再到现在两者的相互合作与竞争，数字金融得到了长远而稳定的发展。数字金融的发展趋势在一定程度上可以从数字经济规模的发展趋势来反映，数字金融是数字经济的重要组成部分，可以通过近年来我国数字经济发展的总体情况来预估数字金融近年来的发展现状。图3.1显示2022年我国数字经济市场规模达50.2万亿元，同比增加4.68万亿元，数字经济市场规模首次突破50万亿元，总量稳居世界第二，占GDP的比重提升至41.5%。从数字经济市场规模所反映发展趋势来看，不难发现我国数字金融也在持续做大，成为驱动我国经济增长的一支重要力量。

图3.1　2017—2022年中国数字经济市场规模及占比情况

信息技术的飞速发展促使相关金融机构加快数字化转型的步伐，为客户提供的金融产品和金融服务日益丰富，数字金融的出现为金融领域带来了新的业务形态和服务方式，有力地促进了我国实体经济的发展。根据收集到的相关数据，目前我国数字金融的发展主要集中在移动支付、数字信贷和数字保险等方面。例如，移动支付已使金融服务遍及城乡。偏远农村地区的居民也能通过移动支付与银行账户相连，满足存取款和汇款需求。数字信贷大幅提升了对小微企业、个体工商户及家庭的信贷服务。数字金融机构运用大数据、AI及区块链技术实现智能风控，减少对信贷历史、财报及抵押物的依赖，通过先进算法快速高效地提供贷款服务。此外，数字信贷另外一个重要的作用是能够有效缓解借贷双方的信息不对称现象。数字保险的出现使得保险业进入了一个全新的数字化时代，改变了传统保险业务的运作方式和用户体验，扩大了保险覆盖范围，创新了多样化的小额保险服务，为消费者提供更加方便、快捷、个性化的保险服务。

移动支付作为数字金融的一个重要组成部分，也是我国数字金融发展历程中表现最为突出的一部分，它提供了一种方便、快捷、安全的支付方式，可以随时随地进行支付，无须使用实体货币或传统支付工具，其将支付方式从传统的实物转移到了数字化领域。在移动支付出现之前，寻常百姓最常用的传统金融支付方式主要还是以现金为主，而像电子钱包和信用卡等具有一定门槛的金融产品，它们仅仅服务于少数特定群体，所以当移动支付出现后，因其快捷、便利、门槛低的特点迅速得到消费大众的青睐。在2004年支付宝问世之前，国内虽然已经出现金融与科学技术相结合的金融业务，但是在这一时期，主导力量是商业银行、证券公司等传统金融机构，它们主要在传统商业模式的基础上进行了信息化与电子化的改进。2004年支付宝的出现预示着我国数字金融发展即将进入一个全新的时代，即金融科技公司正式参与到我国数字金融发展建设当中，其便捷商业模式深度挖掘了普通民众的消费能力，进而完善了我国的商业架构。微信支付的崛起更是改变了中国移动支付的竞争格局。微信支付于2013年推出后，微信的社交网络用户基础得到快速推广。微信支付通过扫码支付和红包功能吸引了大量用户，与支付宝展开了市场份额的争夺。就这样，第三方支付机构以其便捷、快速和低成本的支付服务吸引了大量用户，从而蚕食了传统金融机构在支付领域的市场份额，自此第三方移动支付迎来了爆炸式增长，这使得传统金融机构面临巨大的竞争压力，需要提供更具竞争力的金融支付服务来吸引和留住客户。

随着移动支付技术的不断发展和安全性的提升，虽然消费者对第三方移动支付的态度因地区和个人偏好而有所不同，但整体上，第三方移动支付受到了广泛的接受和使用。图3.2、图3.3显示了2015—2022年中国第三方移动支付业务交易量统计及交易金额统计，从图中可以看出我国第三方移动支付业务发展迅速。

从2015年开始移动支付进入了快速发展的阶段。这一时期由于互联网金融的兴起和监管政策的放松，移动支付开始涉足更多领域，如线下支付、电商、生活服务等。支付宝和微信支付成为主流的移动支付工具，市场份额持续增加。到2017年后增长速度逐渐降低，支付宝和微信支付开始稳定融入消费者的日常生活中。到了2020年由于新冠疫情的出现又加剧了消费者对数字支付的重视，第三方移动支付产业的交易规模及交易金额的增长速度也在2020年也迎来了小幅增加。2021年中国第三方移动支付业务交易量和交易金额分别达10 283.22亿笔、355.46万亿元，较2020年分别增加了2 010.25亿笔、60.90万亿元，同比增长分别为24.30%、20.67%。2022年我国第三方支付业务交易量和交易金额分别达10 241.81亿笔、337.87万亿元，分别同比下降0.40%、4.95%。从第三方移动支付市场份额来看，支付宝和腾讯财付通呈现出"两极争霸"局面，支付宝占据半壁江山，市场占有率高达55.6%；财付通排名第二，占比也超过38%，两者占据了将近95%的第三方移动支付的市场份额，成为消费者外出、旅行、网络购物等消费支付时的首选。

图 3.2　2015—2022 年中国第三方移动支付业务交易量统计

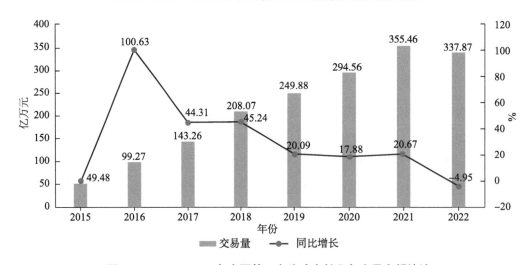

图 3.3　2015—2022 年中国第三方移动支付业务交易金额统计

另根据第52次《中国互联网络发展状况统计报告》，截至2023年6月，我国网络支付用户规模达9.43亿人，与2022年12月相比增长了3 176万人，占国内网民总体的87.5%。此外，近年来我国移动支付也进一步向各领域渗透。在民生支付方面，不断拓展深度的便民服务场景，促进移动支付的城乡差距进一步缩小，织密普惠民生的服务网络；由央行牵头的数字人民币支付也正在持续扩大试点推广范围，探索推动数字人民币应用新场景，积极促进数字人民币延伸至国际支付体系之中。随着刷脸支付、指纹支付、掌纹支付以及数字人民币等移动支付应用场景不断深入和发展，易知中国第三方移动支付未来还有广阔的发展空间。

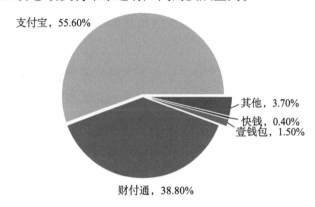

图 3.4　中国第三方移动交易规模市场份额

数字信贷方面，最具有代表性的就是P2P网贷，P2P网贷的出现在很大程度上是源于国内数字金融的发展。P2P网贷全称为P2P网络借贷平台，是P2P借贷与网络借贷相结合的互联网金融（ITFIN）服务网站。国内第一家P2P网贷平台是2007年上海拍拍贷，受融资渠道、审核效率及鲜有创业人士涉足的影响，往后几年该平台的发展速度相对较慢。到了2012年，为了适应国内庞大的小额借贷需求，而当年的传统金融机构由于受金融监管政策的影响减少了对外贷款规模，个人与企业开始将目光转向P2P网贷平台。此外，P2P网贷平台因其平台的贷款利率比业界高，甚至远超正规传统金融机构的利率，因此P2P网络借贷平台对于放款人来说有一定的诱惑。在这一背景下，P2P网络借贷平台正式进入爆发期，凭借低门槛、高收益以及便捷灵活的特点，网络借贷平台得以迅速崛起，并开始作为一个全新的融资渠道而广受个人和企业的青睐。截至2015年9月底，我国P2P网络借贷平台高达3 448家，然而正常经营的却只有1 031家，占整体平台数量的30%。从这里不难发现，由于相关的监管配套措施不完善，P2P网贷交易量在暴涨的同时，P2P网贷平台也面临诸多挑战，网络借贷机构良莠不齐、诸多庞氏骗局的发生以及平台跑路风波事件频出，如何真正地保障投资者的资金安全，始终是当时亟待解决的难题。多数P2P网贷平台为了提高信任度，将平台资金托管到第三方机构，虽然有些P2P网贷平台也和商业银行签署了包括资金托管在内的战略合作协议，但许多还未检验其实际效果就已被相关部门采取整治措施。到2016年8月，银监会开始对P2P网贷平台进行整治，面对日益加强的监管力度，许多P2P平台选择退出市场，少部分选择在原有业务的基础上向小额贷款、跨界电商等转型。随后三年，P2P网贷问题频发，涉及金额巨大，严重影响我国金融体系。为此，各省市相继实施金融监管政策，良性清退违规P2P平台，市场得以净化。截至2020年11月中旬，银保监会正式宣布我国P2P平台数量清零。从以上可以看出，P2P网贷平台出现的根源在于传统金融服务的供给不足，以及金融管制带来的套利机会。

除了P2P网贷，我国数字信贷种类还包括大科技信贷和数字供应链金融等利用数字技术提供贷款服务的业务。大科技信贷是指利用大数据和人工智能等技术，对借款人进行信用评估和风险控制，提供更为便捷和高效的贷款服务。而数字供应链金融则是基于供应链上下游企业的真实交易，为供应链上的核心企业及其上下游企业提供融资服务。当然随着互联网的发展，互联网上信用借贷金融产品也层出不穷，如"度小满""分期类""微粒贷"等都在数字信贷的范畴以内。新冠疫情过后，个人和企业对消费信贷的需求增大，与传统金融机构贷款相比，数字信贷对于放款人来说，其运营成本更低、更加灵活且贷款频率更高；对于借款人来说，数字信贷借款门槛低、审核通过率高的特点满足了一些年轻人和中小微企业主的贷款需求。总之，数字信贷是一种新型的贷款模式，其在实现普惠金融方面具有巨大优势。然而，在发展过程中也需要加强风险控制和监管，确保其健康、稳定地发展。

数字保险是数字技术与保险业深入融合所形成的产物。早期国内出现的是互联网保险的概念，一般是指传统保险企业借助互联网渠道销售保险产品，消费者可以在互联网上完成保险产品的购买、理赔等操作。这种模式相对于传统的线下销售模式，具有更加便捷、高效、透明等优势，减少了以往烦琐的中间环节，提高了营运效率并降低了销售成本，同时也能使客户享受更优惠的价格和更全面的保障。随着大数据、云计算、人工智能等技术向保险行业的加速渗透，"科技赋能保险"这一说法似乎更适合解释数字保险的内涵。从线上的保险业务办理到后台的保单核查，保险业所覆盖的每一个场景都离不开数字技术的身影。大数据和人工智能技术的应用使保险公司能够通过收集和分析海量客户数据，更准确地预测客户风险，为不同类型的客户提供更公平合理的定价，从风险角度考虑也能使原本难以控制的风险得到更好的覆盖。数字技术也加快了保险产品创新的步伐。依托互联网、云计算等数字技术，越来越多的线上保险产品被开发出来，以更好地满足客户多样化的需求。同时，保险企业也能推出一些定制化的产品，为客户提供个性化的保障。例如，蚂蚁保险、腾讯微保等都是提供数字保险服务的平台。金融科技的发展是大势所趋，金融科技将深刻赋能保险业的转型和高质量发展，有效拓展保险业的深度和广度，改变保险业的竞争格局和生态。

近年来，我国数字保险业务展现出稳定且积极的发展趋势。中国保险行业协会发布的《2021年互联网财产保险发展分析报告》显示，2021年我国互联网财产保险保费收入累积达到862亿元，比上一年增长了8%，相较于整个财产险行业的保费增长速度，高出了7个百分点。图3.5、图3.6显示我国互联网财产保险保费收入及同比增速趋势以及互联网财产保险业务渗透率走势。

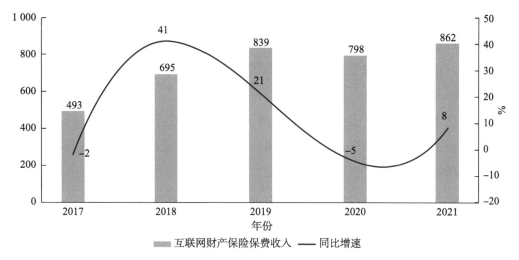

图3.5 互联网财产保险保费收入及同比增速趋势图

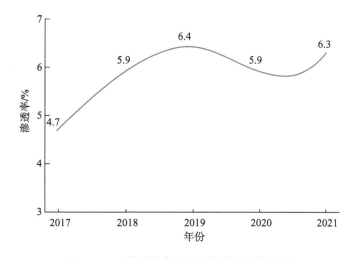

图3.6 互联网财产保险业务渗透率走势图

互联网财产保险业务渗透率，即互联网财产保险业务保费占产险公司通过所有销售渠道所获保费的比重，由2020年的5.9%上升至6.3%，我国作为全球第二大保险市场，互联网财产保险业务渗透率增速却相对较慢。这意味着，尽管保险行业在数字化转型方面取得了一些进展，但传统的线下渠道模式仍为主流，我国数字保险发展仍有很大的提升空间。此外，我国保险行业数字化升级服务市场在整个保险IT解决方案市场中占比呈上升趋势。2019年，该市场仅占保险IT解决方案总体市场的27.26%，但随着保险业务线上化持续渗透而带来的数字化升级服务市场需求爆发，到2024年，保险数字化升级服务市场占比有望更高。近年来，我国政府频发鼓励数字化转型的政策，涉及财产险、健康险、互联网保险等多个领域：中国银保监会《关于推动银行业和保险业高质量发展的指导意见》《关于推进财产保险业务线上化发展的指导意见》《推动财产保险业高质量发展三年行动方案（2020—2022年）》等政策的出台，不断提升财产险公司的数字科技水平，提高数字化、线上化、智能化建设水平，这些政策在鼓励和规范保险数字化转型的同时，也对该行业数字化提出了更高的要求。

综上所述，中国数字金融的蓬勃发展，不仅为中国企业带来了全新的商业模式，更推动了经济的迅猛增长。特别值得一提的是，第三方移动支付的出现极大地激发了市场潜能，挖掘了深层次的消费能力，为市场注入了新的活力。中国数字保险的发展也在加速，未来将呈现出更加智能、高效、个性化等趋势。此外，由于缺乏良性的监管环境，诸如P2P网络借贷平台等的尝试，引发了一系列影响经济金融稳定的事件，这些数字金融模式仍有待进一步思考和探索。

3.1.4 数字金融发展水平的测度

长期以来，我国在衡量数字金融发展程度的量化指标上存在缺口，而北京大学数字金融研究中心与蚂蚁集团研究院的联合研究团队所发布的数字普惠金融指数，恰好填补了这一空白。这一指数目前在数字金融发展水平的测度上被广泛认同和使用。北京大学数字普惠金融指数（2011—2022年）是迄今为止最新的研究成果。该指数从数字金融覆盖广度、数字金融使用深度以及普惠金融数字化程度三个维度出发，通过33个具体指标进行全面评估。其涵盖范围十分广泛，不仅覆盖了中国内地31个省（自治区、直辖市），还包括337个地级以上城市（地区、自治州、盟等），甚至延伸至约2800个县（县级市、旗、市辖区等）共三个层级。为了构建一个综合的总指数，研究团队采用了无量纲化方法、层次分析法以及组合赋权法等多种方式对各地区指标进行量化评估。数字普惠金融发展指数综合考虑了数字金融基础设施、数字金融服务、数字金融应用和数字金融普惠性等多个方面的因素，通过对各个指标的加权计算得出综合指数。指数数值越高，说明该地区数字普惠金融的发展水平越高。该指数的发布旨在推动数字普惠金融的发展，促进金融服务的普惠化。其优点是可以在不泄露金融消费者个人隐私和金融机构商业机密的前提下，为各界提供一套反映数字普惠金融发展现状和演变趋势的工具性数据。表3.1给出了我国2011年和2020年31个省（区、市）的总指数及三个维度的指数。

表3.1　2011年和2020年31个省（区、市）的总指数及三个维度的指数

省级行政区	总指数		覆盖广度		使用深度		数字化程度	
	2011年	2020年	2011年	2020年	2011年	2020年	2011年	2020年
北京市	79.41	417.88	97.53	397.00	72.23	445.83	32.59	445.83
天津市	60.58	361.46	69.37	340.29	53.33	373.91	44.72	373.91
河北省	32.42	322.70	18.46	304.10	44.19	318.42	57.15	318.42
山西省	33.41	325.73	28.94	327.29	21.61	291.37	69.57	291.37
内蒙古自治区	28.89	309.39	24.65	310.40	30.27	275.66	40.35	275.66
辽宁省	43.29	326.29	44.96	307.11	44.64	328.12	35.33	328.12
吉林省	24.51	308.26	23.75	290.78	24.04	297.63	27.86	297.63
黑龙江省	33.58	306.08	21.12	290.48	36.28	293.69	69.83	293.69
上海市	80.19	431.93	98.85	395.20	86.24	488.68	7.58	488.68
江苏省	62.08	381.61	66.7	362.11	79.22	395.01	15.71	395.01
浙江省	77.39	406.88	85.53	382.07	93.52	439.25	21.22	439.25
安徽省	33.07	350.16	20.2	323.75	55.58	366.15	34.66	366.15
福建省	61.76	380.13	63.28	359.21	68.51	401.80	44.5	401.80
江西省	29.74	340.61	13.97	316.14	54.82	353.23	36.21	353.23
山东省	38.55	347.81	33.67	331.66	4716	343.49	39.01	343.49
河南省	28.4	340.81	13.54	331.16	3811	321.21	59.81	321.21
湖北省	39.82	358.64	35.17	336.54	53.56	369.58	30.18	369.58
湖南省	32.68	332.03	15.33	302.28	6073	347.44	39.02	347.44
广东省	69.48	379.53	63.41	356.94	80.97	404.35	68.66	404.35
广西壮族自治区	33.89	325.17	19.98	311.98	44.06	313.24	61.33	313.24
海南省	45.56	344.05	30.96	335.87	57.74	337.24	71.63	337.24
重庆市	41.89	344.76	40.38	329.39	4746	343.91	36.77	343.91
四川省	40.16	334.82	29.02	310.76	58.56	344.86	43.5	344.86
贵州省	18.47	307.94	3.06	313.24	27.51	258.20	52.92	258.20
云南省	24.91	318.48	7.47	302.46	48.39	309.45	39.81	309.45
西藏自治区	16.22	310.53	3.37	290.18	30.16	319.38	33.33	319.38

续　表

省级行政区	总指数		覆盖广度		使用深度		数字化程度	
	2011年	2020年	2011年	2020年	2011年	2020年	2011年	2020年
陕西省	40.96	342.04	37.81	329.53	29.74	331.73	71.74	331.73
甘肃省	18.84	305.50	4.99	308.87	12.76	265.35	75.61	265.35
青海省	18.33	298.23	1.96	292.06	6.76	264.67	93.42	264.67
宁夏回族自治区	31.31	310.02	32.27	320.45	23.16	262.72	42.96	262.72
新疆维吾尔自治区	20.34	308.35	12.92	310.22	23.6	273.85	38.92	273.85

从表3.1中可以看出，截至2020年，全国数字普惠金融指数排名前三的省市为上海市、北京市和浙江省，且数值上都达到了400以上，分别为431.93、417.88和406.88。对各省区市的总指数进行简单算术平均，发现全国总指数均值从2011年的40.00增长到2020年的341.22。从三个维度来看，覆盖广度、使用深度和数字化程度也都有很大程度的增长。从数字普惠金融指数的变化也能看出，我国数字普惠金融指数呈现稳步增长的趋势。随着数字技术的发展和普及，数字金融服务得到了更广泛的应用，数字普惠金融的发展水平逐渐提升。

3.2　居民消费结构概念界定及变动分析

3.2.1　居民消费与消费结构

个人消费，通常也被称为居民消费，指的是人们为了满足个人的生活需求，使用生产所得的物资资料和精神产品的行为与过程。国家统计局给居民消费的定义为：居民用于满足家庭日常生活消费需要的全部支出，既包括现金消费支出，也包括实物消费支出。其中现金消费支出又可划分为食品烟酒、衣着、居住、生活用品及服务、交通通信、教育文化娱乐、医疗保健以及其他用品及服务八大类。目前国内学术界又将这八大类整体上分为三类，即生存（基础）型消费、发展型消费和享受型消费。其中生存型消费是指满足人们基本生活需求（吃、穿等）的消费；发展型消费是指人们为了提高个人和社会发展水平而进行的消费；享受型消费则是指人们为了满足个人的享受和娱乐需求而进行的消费。而对于具体怎么归类没有统一标准，如将食品、衣着和居住三类消费指定为生存型消费，并将发展型消费和享受型消费整合成一大类，而剩余的五类则归为这一类（李晓楠　等，2013；李嘉欣，2022）；也有仅将食品烟酒和衣着归为生存型消费（童玉坤，2021）；而孙苑珂（2022）则将食品、衣着、医疗保健和其他定义为生存型消费。但从前文的相关文献梳理来看，随着社会经济的发展，消费者对发展型和享受型消费的需求在日渐增加。

对于消费结构，经济学界还没有统一的定义，厉以宁（1984）、林白鹏（1987）、田晖（2006）和尹世杰（2007）曾先后给消费结构下了自己的定义，但经过细心发现可知它们在本质上都是一致的：消费结构是指在一定的区域、时间、群体或个体范围内，不同类型和层次的消费需求所占的比例关系，它反映了消费者对商品和服务需求的层次性和多样性。长久以来，恩格尔系数成为经济学家和业界人士研究消费水平和消费结构变化情况的重要指标，它是食品支出总额占个人消费支出总额的比重。恩格尔系数越高，表示其越贫穷；恩格尔系数越低，表示其越富裕。而随着居民收入的增加，消费者更加注重生活品质，使用恩格尔系数来代表居民消费结构的相关研究已不再适合。

对于消费升级，许多学者给出了自己的理解，在探讨消费者行为与神经科学之间的联系时，Taylor 等（2010）结合了经济学中的需求理论与心理学领域的马斯洛需求层次理论，深入地揭示了消费结构升级的实质内涵。国内也有学者参考马斯洛需求层次理论，认为国内居民消费也符合需求层次理论，并且当底层次消费需求已不再满足时，消费者往往开始向往更高层次的消费需求，而向更高层次消费需求演进的过程，其实就是消费结构升级的过程。例如居民收入水平较低时，一般以食品支出为代表的生存型消费占主导地位，随着居民收入水平的提高，可支配收入增加，此时以文化娱乐、交通通信等发展型与享受型消费逐渐占据主导地位，发展型消费和享受型消费占消费者消费总支出的比重也将进一步增加，进而体现为消费结构升级。石明明（2019）对消费升级的内涵做了进一步的阐述，认为消费升级是指居民消费意愿改变和居民消费结构变动两种内涵。臧旭恒（2001）提出，消费升级涵盖两个层面：首先是居民消费水平的提升，其次是居民消费结构由低层次向高层次的转变和演进。郝祥如（2021）同样指出，消费升级包含两种本质内涵：其一，在居民商品消费种类维持不变的情况下，对所消费商品的品质有了更高的要求，例如，在饮食方面更注重营养均衡，穿着上则更看重个性化和舒适度；其二，居民的消费结构发生了转变，消费需求向更高层次升级，同时消费项目的比例构成也相应发生了变化。上述两者中他更倾向于用第二种即消费结构的变化来表示消费升级。

考虑多方学者观点，把居民消费的概念从两个方面来考虑：居民消费水平和居民消费结构。其中居民消费水平往往采用《中国统计年鉴》中人均消费支出来表示；而对于居民消费结构，把发展型与享受型消费归为高层次的消费，因此对消费结构可以理解为：在一定的区域、时间、群体或个体范围内，消费者高层次的消费支出（发展型与享受型消费支出）占总消费支出的比重，即当消费者的消费需求从生存型消费往发展型与享受型消费转变，各项消费支出在层次和结构上都得以提升，促进了上述比重的提高，则代表了居民消费结构的升级。也可以依据AIDS模型计算八大类消费支出的支出弹性，以此来分析居民消费结构的变化特征。在AIDS模型中，支出弹性反映了在价格稳定的情况下，各项消费在总支出中的占比变化。当某消费的支出弹性超过1时，表示该消费的增长速度超过了总支出的增长速度，显示出居民在增加消费时更偏好于这一项目，通常这类商品属于较高层次的消费品。相反，支出弹性小于1的消费项目增长慢于总支出，多为日常必需品。消费结构的提升主要体现在消费选择从基础必需品向高品质商品或服务的转变。因此，通过研究高品质商品消费占比的变化，可以有效地衡量消费结构的升级情况。利用AIDS模型计算的支出弹性，可以将消费项目分类为日常必需品和高品质商品，进而用高品质商品的消费占比来评估居民消费结构。

3.2.2 居民消费结构变动分析

3.2.2.1 恩格尔系数变动趋势

对于居民消费结构的变动，接下来从居民的恩格尔系数变动趋势、居民各类消费比例变动趋势以及生存型、发展型与享受型消费比重的变动趋势三个方面来分析居民消费结构的变动。

恩格尔系数是早期使用频率比较多的用来衡量居民消费结构和消费水平的指标，是食品支出总额占个人消费总支出的比重。图3.7显示了我国2003—2022年恩格尔系数趋势。

从总体来看，2003年至2022年我国的恩格尔系数总体呈下降的趋势，从2003年的38.1%下降到2022年的30.5%，并在2019年达到最低值28.2%，反映了我国居民的消费水平和消费结构逐渐提高。随着经济的发展和居民收入的增加，人们有更多的选择和能力购买非食品类商品和服务，食品支出在总体消费中所占比重相对减少。此外，随着我国经济的快速增长和人民收入的提高，居民的消费需求逐渐升级。人们对品质生活和多样化消费的追求增加，非食品类商品和服务的需求增加，这导致食品支出在总体消费中的比重相对减少，从而推动了恩格尔系数的下降。而2020年恩格尔系数回升主要是受新冠疫情的影响，由于疫情控制措施的限制和人们对安全的关注，许多消费活动受到了限制，特别是餐饮、旅游和娱乐等非食品消费领域。因此，居民在消费总支出中用于食品支出的比例相应增加。需要注意的是，恩格尔系数的提高并不一定意味着居民的生活水平下降，而是反映了消费结构的变化和消费行为的调整。随着疫情逐渐得到控制和经济复苏，恩格尔系数可能会恢复到较低水平。从城乡差异来看，城镇恩格尔系数和农村恩格尔系数的趋势线之间越来越近，表明我国城乡居民的恩格尔系数差异逐渐缩小。农村地区的恩格尔系数在过去几十年里明显下降，接近城市居民的水平。这表明农村居民的消费水平和消费结构逐渐接近城市居民，农村经济发展和农民收入增加是主要原因之一。

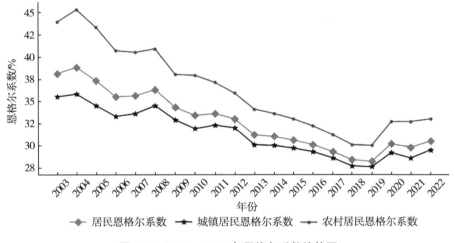

图 3.7　2003—2022 年恩格尔系数趋势图

3.2.2.2　居民各类消费比重变动趋势

为便于分析，本书基于国家统计局对居民消费所分的八大类，对食品烟酒、衣着、居住、生活用品及服务、交通通信、教育文化娱乐、医疗保健和其他用品及服务八大类消费支出比重走势构建堆叠柱形图，如图 3.8 所示。

从图 3.8 可以看到，食品烟酒、衣着、生活用品及服务消费支出占居民消费总支出的比重总体走势是下降的，从2003年食品烟酒消费支出的下降也基本同我国恩格尔系数下降的结论一致。

居住和交通通信消费支出的比重总体走势是上扬的，其中居民在居住上面的消费支出比重近二十年来上涨明显，表明随着城市化进程的加快和人口的不断增加，居住类消费支出比重逐渐上升。人们对住房的需求增加以及房价上涨，使得居住类消费支出在整体消费中的比重增加。而在交通通信方面，随着我国交通和通信技术的发展，人们对出行和通信的需求不断增加，交通通信类消费支出比重逐渐上升。

教育文化娱乐消费支出的比重也在波动中有所起伏，从2005年开始呈缓慢下降趋势，出现这种情形主要与当年的教育体制改革有关。相对于城镇居民来说，农村居民在教育支出方面比重较大，2005年国家发布相关通知，要求逐步将农村义务教育全面纳入公共财政保障范围，建立中央和地方分项目、按比例分担的农村义务教育经费保障机制，对贫困家庭学生免费提供教科书并补助寄宿生生活费，提高农村义务教育阶段中小学公用经费保障水平，从而导致教育在整体支出中的比重下降。此后随着时间的推移，除了学杂费以外的其他方面的教育成本逐渐增加，该部分的消费支出比重也小幅增加，并在近三年来基本趋于稳定。

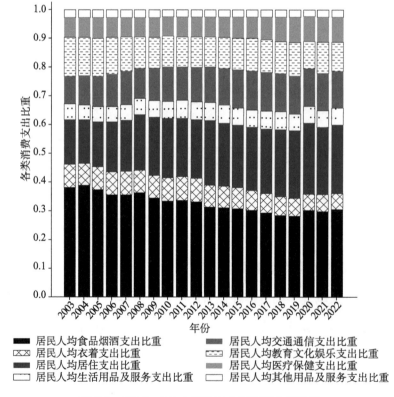

图 3.8　2003—2022 年居民各类消费支出比重

医疗保健类消费支出的比重也在稳定中小幅上升，一方面是随着人们健康意识的提高和医疗技术的进步，对家庭健康的投入更多，保健类消费支出比重逐渐上升。另一方面是我国的人口老龄化的趋势促使人们医疗保健服务的需求增加，使得该类消费支出在整体消费中的比重增加。

其他用品及服务消费支出比重是最低的，从趋势图来看该部分支出在居民消费支出的比重基本趋于稳定。而2015年至2022年，除了2020年新冠疫情暴发使得八大类消费支出比重变动幅度比较大外，其他年份八大类消费支出比重变动幅度趋缓、波动较小。随着我国经济的不断发展，居民生活水平进一步改善，居民消费结构较为稳定。

3.2.2.3　生存型、发展型与享受型消费支出比重的变动趋势

对于生存型消费支出所包含的范围，目前学术界还没有统一的标准。本书认为，生存型消费主要是为满足人们的生理需求、解决温饱问题的消费。因此，为了能更直观地观察居民消费结构的变动趋势，统一将食品烟酒以及衣着两类消费支出比重作为生存型消费支出比重的代表，而其余六类消费支出比重则作为发展型与享受型消费支出比重的代表。图3.9为2003—2022年生存型、发展型与享受型消费支出比重趋势。

从我国整体消费情况来看，2003—2022年生存型消费支出比重呈下降趋势，而发展型与享受型消费呈上升的趋势。这表明，随着经济的稳定发展和人们收入的提高，生活成本相对稳定或下降，人们在满足基本需求方面的支出可能占比较低。例如，食品、衣物等生活必需品的价格相对稳定，人们在这些方面的支出可能相对减少，促使人们有更多的可支配收入用于追求高品质的生活，例如，旅游、教育、健身等方面的消费支出相对增加。因此，发展型与享受型消费支出的比重可能逐渐增加，而生存型消费支出的比重逐渐减少。从两类消费的体量来看，从观察到的2003年开始，发展型与享受型消费支出比重就已超过生存型消费支出比重，达到50%以上，且随后几年发展型与享受型消费支出占比远远超出生存型消费支出占比，说明总体上城乡居民对发展型和享受型消费需求正全面快速增长，并易知未来一段时间生存型消费支出和发展型与享受型消费支出的差距仍将进一步扩大，这也在一定程度上说明我国居民的消费结构早已开始从以食品等生存型消费为主的低层次消费阶段进入以教育、交通通信等发展型消费和享受型消费为主的高层次消费阶段，在一定程度上也反映了我国居民消费结构正呈现出明显的升级态势。而在2020年由于新冠疫情的暴发和对全球经济的冲击，消费行为出现轻微的反向波动，许多人可能会减少非必要的消费，将更多的资源用于满足基本生活需求上，导致生存型消费支出

比重呈小幅度的上升，而发展型与享受型消费则相反。

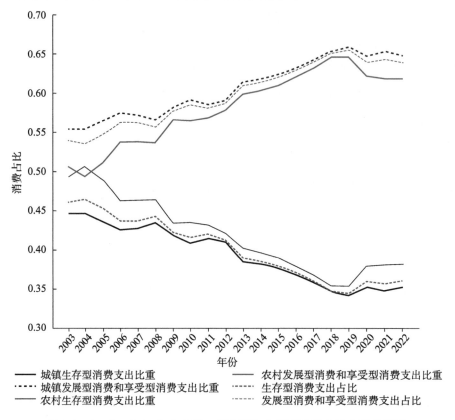

图 3.9　2003—2022 年生存型、发展型与享受型消费支出比重趋势图

　　从城乡差异来看，剔除 2020 年后的反向波动，从 2003 年到 2019 年城乡的生存型消费支出比重分别下降约 10.5% 和 14.02%，而发展型与享受型消费分别上升约 10.5% 和 14.02%，生存型和发展型与享受型呈此消彼长的形式。总体来说，城乡各类消费支出比重变动趋势与全国的变动趋势基本一致，但农村各类消费支出比重变动趋势相比于城镇变化幅度更大。一方面是因为农村地区经济结构发生了较大变化。随着城乡一体化和农村产业结构调整的推进，农村地区的非农产业和服务业逐渐兴起，农村居民的收入水平和消费行为发生了变化。这种结构变化可能导致农村各类消费支出比重的大幅变动。另一方面是因为城乡之间的经济发展水平和收入差距较大。城市经济发展较快，城镇居民收入相对较高，因此城镇消费支出比重相对更加稳定。而农村地区的经济发展相对滞后，农民收入水平较低，因此农村消费支出比重更容易受到经济波动的影响。

3.2.2.4 基于AIDS模型确定的消费结构变动

本书借鉴了郝祥如（2021）的理论结果，郝祥如基于AIDS模型所计算的八大类消费支出的支出弹性，如表3.2所示。

表3.2 各类支出的消费弹性

	食品	衣着	居住	家庭设备	交通通信	文教娱乐	医疗保健	其他
均值	0.747	0.636	1.347	0.950	1.148	1.308	0.943	1.165

由此结果，将食品、衣着、家庭设备、医疗保健划分为生活必需品；将居住、交通通信、文教娱乐和其他划分为高层次商品，计算得到2013—2020年全国消费结构指标，如表3.3所示。

表3.3 2013—2022年全国消费结构指标

	2013年	2014年	2015年	2016年	2017年	2018年	2019年	2020年	2021年	2022年
居民消费结构	0.4802	0.4805	0.4849	0.4913	0.4988	0.5050	0.5081	0.4937	0.4965	0.4948
城镇居民消费结构	0.4921	0.4909	0.4946	0.4992	0.5066	0.5128	0.5176	0.5062	0.5096	0.5073
农村居民消费结构	0.4480	0.4531	0.4589	0.4702	0.4779	0.4842	0.4826	0.4620	0.4634	0.4639

将上述数据作图，如图3.10所示。

由图3.10可见，从2013—2022年居民消费结构指标随着时间有增长的趋势，表明在此期间我国居民的消费结构持续处于升级变化趋势之中。但是在2020年到2022年有较小的减少趋势，可能与这三年间国内疫情的影响有关。并且城镇居民消费结构指标高于农村居民消费结构指标。

将食品、衣着、家庭设备、医疗保健划分为生活必需品；将居住、交通通信、文教娱乐和其他划分为高层次商品，计算得到2013—2022年31个省（区、市）消费结构指标，如表3.4所示。

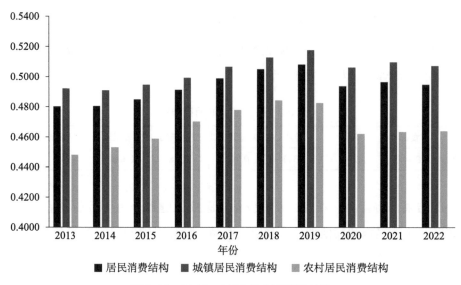

图 3.10　2013—2022 年全国消费结构

表 3.4　2013—2022 年 31 个省（区、市）消费结构指标

省级行政区	2013年	2014年	2015年	2016年	2017年	2018年	2019年	2020年	2021年	2022年	均值
北京市	0.3604	0.5569	0.5759	0.5814	0.5944	0.6013	0.6086	0.5929	0.5817	0.5957	0.5649
天津市	0.3965	0.4577	0.4649	0.4819	0.4743	0.4939	0.4998	0.4890	0.4969	0.4800	0.4735
河北省	0.3759	0.4941	0.4939	0.5007	0.5110	0.5092	0.5080	0.4952	0.4879	0.4777	0.4854
山西省	0.4308	0.4796	0.4875	0.5183	0.5132	0.4976	0.4945	0.4714	0.4844	0.4728	0.4850
内蒙古自治区	0.3878	0.4610	0.4706	0.4637	0.4761	0.4850	0.4901	0.4814	0.4921	0.4931	0.4701
辽宁省	0.4501	0.4791	0.4784	0.4813	0.4884	0.4919	0.4932	0.4735	0.4823	0.4665	0.4785
吉林省	0.4220	0.4697	0.4780	0.4807	0.4795	0.4927	0.4908	0.4657	0.4781	0.4656	0.4723
黑龙江省	0.3428	0.4706	0.4597	0.4631	0.4727	0.4645	0.4743	0.4427	0.4542	0.4516	0.4496
上海市	0.4101	0.5651	0.5789	0.5789	0.5937	0.5864	0.5976	0.5758	0.5741	0.5632	0.5624
江苏省	0.4057	0.5087	0.5136	0.5239	0.5319	0.5369	0.5474	0.5329	0.5288	0.5304	0.5160
浙江省	0.4071	0.5286	0.5350	0.5413	0.5429	0.5343	0.5427	0.5408	0.5423	0.5413	0.5256
安徽省	0.4009	0.4510	0.4564	0.4676	0.4789	0.4827	0.4761	0.4625	0.4660	0.4590	0.4601
福建省	0.3994	0.4821	0.4880	0.4960	0.5004	0.5111	0.5184	0.5055	0.5133	0.5143	0.4928
江西省	0.3745	0.4631	0.4722	0.4815	0.4903	0.4978	0.5079	0.4892	0.4858	0.4858	0.4748
山东省	0.4194	0.4685	0.4745	0.4802	0.4888	0.4971	0.4999	0.4900	0.4979	0.4949	0.4811
河南省	0.3706	0.4438	0.4551	0.4656	0.4794	0.4905	0.4942	0.4834	0.4752	0.4788	0.4636
湖北省	0.3552	0.4571	0.4626	0.4651	0.4631	0.4898	0.4891	0.4843	0.4839	0.4901	0.4640
湖南省	0.3797	0.4790	0.4782	0.4903	0.5007	0.5017	0.5009	0.4851	0.4912	0.4934	0.4800
广东省	0.4893	0.4996	0.4965	0.4980	0.5038	0.5172	0.5209	0.5117	0.5164	0.5143	0.5068
广西壮族自治区	0.4425	0.4711	0.4812	0.4808	0.4925	0.5028	0.4982	0.4708	0.4832	0.4925	0.4816

续　表

省级行政区	2013年	2014年	2015年	2016年	2017年	2018年	2019年	2020年	2021年	2022年	均值
海南省	0.3639	0.4493	0.4389	0.4349	0.4522	0.4711	0.4862	0.4480	0.4753	0.4765	0.4496
重庆市	0.3230	0.4068	0.4159	0.4217	0.4382	0.4455	0.4476	0.4297	0.4361	0.4362	0.4201
四川省	0.3490	0.4044	0.4086	0.4203	0.4334	0.4416	0.4407	0.4258	0.4273	0.4339	0.4185
贵州省	0.3994	0.4616	0.4876	0.4975	0.5011	0.5152	0.5100	0.4808	0.4887	0.4868	0.4829
云南省	0.3975	0.4846	0.4790	0.4855	0.4978	0.5158	0.5115	0.4958	0.4892	0.4781	0.4835
西藏自治区	0.2487	0.3575	0.3563	0.3330	0.3484	0.4186	0.4163	0.4441	0.4452	0.4416	0.3809
陕西省	0.3931	0.4818	0.4738	0.4719	0.4665	0.4812	0.4831	0.4699	0.4765	0.4750	0.4673
甘肃省	0.3528	0.4439	0.4454	0.4597	0.4643	0.4642	0.4796	0.4745	0.4693	0.4789	0.4532
青海省	0.3477	0.4596	0.4635	0.4640	0.4681	0.4687	0.4620	0.4763	0.4603	0.4318	0.4502
宁夏回族自治区	0.4251	0.4582	0.4715	0.5109	0.5081	0.4965	0.4996	0.4845	0.4933	0.4674	0.4815
新疆维吾尔自治区	0.3555	0.4365	0.4378	0.4505	0.4662	0.4550	0.4597	0.4545	0.4620	0.4461	0.4424

将以上的数据作图，可得2013—2022年我国31个省（区、市）的消费结构指标示意图3.11。从图中的结果可以看出消费结构在2016年之前波动较小，从2016年开始，消费结构波动较大。明显看到，北京市、上海市、浙江省、江苏省和广东省等地的消费结构指标较高，说明这些地区的高层次商品消费比例较大。而西藏自治区的消费结构指标最低。

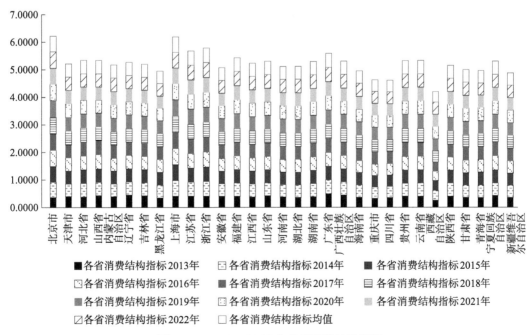

图3.11　2013—2022年各省消费结构指标

3.3　数字金融服务居民消费现状

近年来，以网络购物、网络直播、数字文化、在线医疗等为代表的数字消费新业态日益普及，创造了很多新的消费场景，带来了全新的消费体验，改变了人们的消费习惯，已经成为扩内需、稳增长和促转型的重要动力。自2016年G20杭州峰会发布的《G20数字普惠金融高级原则》所提及的八项高级原则发布以来，我国数字金融展现出强大的活力，截至2022年，我国居民人均消费支出为24 538元，其中城镇居民人均消费支出为30 391元，农村居民人均消费支出为16 632元，中国经济实现了跨越式增长，人们的生活水平得到了很大提高。此外，中国电商行业在全球数一数二，人们不用出门就能够买到任何想要买到的东西。早在2020年，中国就已成为世界第一的消费大国，消费品零售总额达到了6.06万亿美元，其中现代信息数字技术与金融相关服务的深度合作功不可没，换句话说，就是数字金融发展给居民消费带来了空间溢出效应。数字金融对居民消费的空间溢出效应是指数字金融服务的发展和普及，不仅直接影响了居民的消费行为和方式，还在其他相关领域产生了一系列的间接效应，进一步推动和促进了居民消费的发展。例如，数字金融平台为居民提供了更多的购物渠道和产品选择，使得消费者可以更加灵活地选择适合自己的商品和服务。通过电商平台和个人理财平台等，消费者可以获取更多的信息和比较不同的选择，提高了消费者对商品和服务的挑选标准，从而促进居民消费结构的升级。据商务部发布的《2022年中国网络零售市场发展报告》，2022年我国网上零售额13.79万亿元，同比增长4%，克服疫情影响保持增长态势，其中实物商品网上零售额11.96万亿元，同比增长6.2%，占社会消费品零售总额的比重为27.2%，较上年提升2.7个百分点，拉动消费作用进一步显现。从上述数据来看，数字金融发展所引领的数字消费模式与我国居民消费需求所展现出来的多元化、个性化和品质化的特点十分契合。

从城乡角度出发，数字金融服务的不断创新和发展，推动城镇居民消费升级的作用比较明显，特别是以互联网为平台的电子商务、在线理财、数字信贷等新业态，为城镇居民提供了更加智能化、高效化的金融服务，进一步提升了城镇居民的消费体验和满意度，数字消费模式已逐渐渗透到城镇居民生活的方方面面，其中一个重要体现就是移动支付的普及。通过手机支付、二维码支付等方式，城镇居民可以方便快捷地完成各类消费，包括在线购物、餐饮、交通等，移动支付已经成为城镇居民日常生活中不可或缺的一部分。据CNNIC发布的第51次《中国互联网络发展状况统计报告》,截至2022年12月,我国城镇网民规模为7.59亿,占网民整体的71.1%。数字金融的发展提升了城镇居民支付方式的便捷性,促进了在线购物的普及,丰富了金融理财的方式,满足了城镇居民个性化的消费需求,并推动了消费的升级。

由于农村地区的基础设施和金融服务的不完善,导致我国传统金融资源流转长期存在空间壁垒,缩减城乡之间在消费层面上的差距,以及推动农村居民实现消费层次的提升,始终是我国面临的重要挑战和亟待解决的问题。在这种情况下,数字金融的发展通过空间溢出效应为农村居民消费合理配置相关金融资源。数字金融的发展推动了电商平台进一步拓展到农村地区。通过电商平台,农村居民可以购买到以往难以获取的商品和服务,享受到与城市居民相似的消费体验。数字金融能够利用其独特的优势,如移动支付、便捷信贷以及数字保险,有效地缩短消费周期并稳定未来的消费预期,进而刺激乡村居民的消费需求,最终缩小区域内的城乡消费差距。截至2022年12月,我国农村网民规模为3.08亿,较2021年12月增长2 371万,占网民整体28.9%,如图3.12所示。

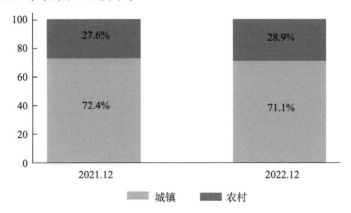

图 3.12 城镇和农村地区网民规模对比

在互联网普及率方面,如图3.13所示。截至2022年12月,我国城镇地区互联网普及率为83.1%,较2021年12月提升1.8个百分点;农村地区互联网普及率为61.9%,较2021年12月提升4.3个百分点。城乡地区互联网普及率差异较2021年12月缩小2.5个百分点。

当然,城乡文化、金融素养及网络服务设施的差距导致金融鸿沟,削弱了数字金融缩小消费差距的作用,尤其在深度应用上更显著。因此,仍然需要加大对数字金融服务的普及推广力度,解决农村地区基础设施和金融服务不足的问题,进一步提升农村居民的数字金融素养和消费能力。

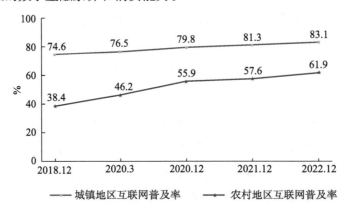

图 3.13　城镇和农村地区互联网普及率趋势图

4　数字金融影响居民消费结构的理论分析

数字金融是互联网、信息技术和传统金融服务相结合的金融服务形态。根据产业结构分类，数字金融包括互联网支付、移动支付、网上银行、金融服务外包及网上贷款、网上保险、网上基金等金融服务。本章先对数字金融的各个主要理论进行详细阐述，然后再分析影响居民消费的各项理论，最后将二者结合，总结数字金融影响居民消费结构的机制。

4.1　数字金融理论

4.1.1　数字金融发展理论

首先，有关金融发展的相关理论可以追溯到金融结构理论。经济社会的发展规划将直接受到金融结构布局的影响，根据古典金融理论，金融的本质是通过资金投向来决定社会资源的分配。Goldsmith 在其 1969 年出版的代表作《金融结构与金融发展》中，首次将金融结构界定为"各种金融工具和金融机构的相对规模"。他提出，金融发展的核心在于金融结构的变化，且这种结构会随经济发展而阶段性地演变。更进一步，他引入了金融相关比率，以此衡量经济社会中金融发展的水平。金融结构概念的引入，为人们通过定量分析研究一国的金融和经济发展状况提供了更有利的工具。

其次，20 世纪 70 年代，罗纳德·麦金农和爱德华·肖从"金融抑制"与"金融深化"两个角度，得出了与 Goldsmith 相似的结论。麦金农还从内外融资的角度对金融结构做了深入阐述。他们指出，金融抑制现象在发展中国家尤为普遍，这主要与自然经济占比大和金融市场发展滞后有关。而金融深化理论则强调减少政府干预，让金融市场汇聚更多资源，从而丰富金融工具和产品，完善市场机制。这些学者的研究为金融结构理论奠定了基础，对我国学者的后续研究产生了深远影响。

最后，数字金融是近几年兴起的概念，源于互联网技术与金融的融合。传统金融常遇金融排斥问题，中小微弱主体难以获取金融服务，因此普惠金融日益受到关注。中国的移动支付等数字技术助力数字金融兼顾商业可持续性与普惠性，推动了普惠金融的发展。与金融科技相比，数字金融更注重"金融"层面，旨在通过数字技术增强金融体系的包容性，服务实体经济。它综合运用物联网、云计算、区块链、大数据和人工智能等技术，这些技术相互依存、相互促进，共同维持数字金融体系的稳健运行。

我国的数字金融萌芽于2004年上线的支付宝账户体系，在2013年余额宝上线后迅速发展。北大数字金融研究中心联合蚂蚁金服，共同发布了中国数字普惠金融指数，该指数全面描绘了中国数字金融的发展状况。基于蚂蚁金服大数据编制的数字普惠金融指数极具研究价值和可信度。该指数涵盖覆盖广度、使用深度和数字支持服务三大维度。其中，覆盖广度反映账户覆盖率，包括支付宝账号、绑卡用户比例等3项指标；使用深度通过支付、货币基金、信贷、保险、投资和信用业务来展现数字金融的实效；数字支持服务聚焦于移动化、实惠化、信用化和便利化，集中体现了互联网技术的优势。

表4.1 数字普惠金融指标体系

覆盖广度	账户覆盖率	每万人拥有支付宝账号数量
		支付宝绑卡用户比例
		平均每个支付宝账号绑定银行卡数
使用深度	支付业务	人均支付笔数
		人均支付金额
		高频度（年活跃50次及以上）活跃用户数占年活跃1次及以上比例
	货币基金业务	人均购买余额宝笔数
		人均购买余额宝金额
		每万支付宝用户购买余额宝的人数
	信贷业务（对个人用户）	每万支付宝成年用户中有互联网消费贷的用户数
		人均贷款笔数
		人均贷款金额
	信贷业务（对小微经营者）	每万支付宝成年用户中有互联网小微经营贷的用户数
		小微经营者户均贷款笔数
		小微经营者平均贷款金额
	保险业务	每万支付宝用户中被保险用户数
		人均保险笔数
		人均保险金额

使用深度	投资业务	每万支付宝用户中参与互联网投资理财人数
		人均投资笔数
		人均投资金额
	信用业务	每万支付宝用户中使用基于信用的生活服务人数
		自然人征信人均调用次数
数字支持服务	移动化	移动支付笔数占比
		移动支付金额占比
	实惠化	小微经营者平均贷款利率
		个人平均贷款利率
	信用化	花呗支付笔数占比
		花呗支付金额占比
		芝麻信用免押笔数占比（较全部需要押金情形）
		芝麻信用免押金额占比（较全部需要押金情形）
	便利化	用户二维码支付的笔数占比
		用户二维码支付的金额占比

4.1.2　数字金融长尾理论

　　长尾理论，是美国学者克里斯·安德森在2004年提出的网络时代新理论，揭示了互联网环境下市场的新动态。长尾理论对传统的"二八定律"进行了有力的延伸。该理论强调，在互联网的推动下，那些销量小、品种多的非主流市场产品，尽管单个销量不高，但由于其庞大的体量，累计的总收益却有可能超越主流产品，成为企业的重要利润来源。这一观点颠覆了传统金融机构更看重市场上20%优质客户的观念，市场上大量金融资源不再仅仅向少部分群体倾斜。长尾理论引领人们关注长尾群体的消费市场，尤其是那些因个体需求差异大、经济规模偏小而被传统金融服务忽视的客户。在互联网科技不断创新的背景下，数字普惠金融应运而生，以低门槛、高效率的特点，为解决传统金融问题提供了新途径。它不仅大幅降低了商户的服务成本，更有效地满足了客户的个性化需求。数字普惠金融的数字化发展，正助力开拓金融生态链的小众市场，让金融服务深入各个地区，满足长尾用户的金融需求。由此，大量尾部消费群体产生的收益远大于头部用户，数字普惠金融的发展正在挖掘各个地区潜在的消费市场，展现了长尾理论的强大生命力和实践价值。

4.1.3 数字金融排斥理论

数字金融排斥理论最初是由 Leyshon 和 Thrift 在 1993 年提出的。他们从金融地理学的角度出发，观察到在金融体系中，有一部分人因为各种原因缺少分享金融服务的机会，这种现象被称为金融排斥。随后，这一理论在学界引起了广泛的关注。后来有学者 Kempson 和 Whyley（1999）对金融排斥进行了深入且全面的阐述。他们从金融供给和金融需求的角度出发，将金融排斥的定义从接触性排斥扩展至使用性排斥，并创新性地提出了评价金融排斥的六个维度，包括地理排斥、评估排斥、条件排斥、价格排斥、营销排斥以及自我排斥。这些维度共同揭示了金融排斥的复杂性和多维性，并明确指出金融排斥的主要对象为社会上的弱势群体，他们由于各种原因在金融体系中处于不利地位。Kempson 和 Whyley 强调，金融排斥不仅深刻影响个体的经济生活，更可能加剧社会不平等现象，因为被排斥的群体往往错失金融服务带来的便利和发展机会，从而进一步拉大与社会的差距。他们的理解及提出的评价维度为后续金融排斥的研究和政策制定奠定了重要基础。张建成在 2018 年提出，除了 Kempson 和 Whyley 所阐述的金融排斥维度外，还应将两种额外的类型纳入考虑，即技术排斥和质量排斥。这一观点进一步丰富了金融排斥的理论框架，为更全面地理解和解决金融排斥问题提供了新的视角。技术排斥指的是由于技术门槛或数字鸿沟导致的金融服务获取障碍，而质量排斥则关注的是金融服务的质量和效果，强调即使服务可得，但如果质量低下，仍然可能构成一种排斥。张建成的这一补充，使得金融排斥的概念更加完善和全面。王曙光（2013）的研究表明普惠金融是减少金融排斥、均衡金融资源配置的关键力量。在我国，金融排斥特指那些有金融服务需求的弱势群体，因无法承担高昂成本而被金融体系拒之门外。特别是在经济相对滞后的西部地区，这一问题更为突出。普惠金融应致力于服务社会各阶层，尤其是金融服务难以渗透的群体，如偏远农村地区的居民。这些地方的金融服务设施不足，服务成本也相对较高。因此，普惠金融的实施不仅有助于缩小金融差距，更是推动欠发达地区经济发展的重要手段。

数字普惠金融的普及与发展，为更多消费群体提供了便捷获取金融服务的可能，这在一定程度上缓解了我国普遍存在的金融排斥问题。普惠金融与数字普惠金融在地区的推广，注入了新的活力，使得金融服务更加普及。尽管金融排斥这一概念被提出的时间尚不足 30 年，但它已在学术界拥有广泛的影响力。

4.2 消费理论

4.2.1 早期消费思想

4.2.1.1 重商主义消费思想

重商主义，或称"工商业本位"，是一种经济理论与政策体系，起源于15世纪至17世纪中叶的西欧。它反映了封建主义解体后资本原始积累时期的商业资产阶级利益，是人类经济史上的重要思潮。重商主义首次由亚当·斯密在《国富论》中提出。重商主义学者对消费这一经济问题进行了深入研究，并提出了众多消费思想。这些思想不仅是重商主义的重要组成部分，而且在经济实践中具有显著成效，对消费理论的发展产生了深远影响。尽管目前对重商主义消费思想的专门讨论较少，这主要是由于其观点较为零散且常被忽视。在重商主义的消费论述中，消费品被视为财富的重要组成部分。因此，它倡导节俭，反对奢侈浪费，限制奢侈品的进口。同时，重商主义主张采取贸易保护政策，鼓励贸易顺差，并通过消费税来替代人头税和财产税等。这些观点不仅体现了重商主义的经济理念，也为其政策实践提供了有力支持。

重商主义关于消费的思想，不仅是一种经济理论，更是一种反映当时社会经济状况和商业资产阶级利益诉求的深刻洞察。它不仅为当时的经济发展提供了指导，也为后世的经济研究提供了宝贵的启示。首先，重商主义将消费品视为财富的重要组成部分，这一观点在当时是极具前瞻性的。它突破了传统观念中对财富狭隘的理解，将经济的增长和繁荣与消费品的增加紧密相连。这一观点的提出，不仅推动了商业的发展，也促进了生产的增长和市场的扩大。通过增加消费品的供应，不仅可以满足人们的需求，也可以刺激生产的发展，从而推动整个经济的繁荣。其次，重商主义倡导节俭反对浪费，这一思想在当时具有重要的现实意义。在资源有限的情况下，通过节约和限制浪费，可以更有效地利用资源，提高经济的效率和可持续性。同时，这种消费观念也有助于培养人们的节约意识，促进社会的稳定和可持续发展。再次，重商主义强调贸易顺差的重要性，并采取贸易保护政策来鼓励出口和限制进口。这一思想在当时国际贸易中具有重要的指导意义。通过增加出口，可以增加国家的金银储备和财富积累；通过限制进口，可以保护国内产业和市场免受外来竞争的冲击。这种贸易政策不仅促进了国内产业的发展和创新，也增强了国家在国际市场上的竞争力。最后，重商主义建议征收消费税来取代人头税和财产税，这体现了其对税收公平和效率的追求。消费税作为一种间接税，能够更公平地分摊税收负担，避免了对特定群体的过度压迫。同时，消费税还有助于刺激消费和抑制浪费，进一步促进经济的健康发展。此外，消费税还有利于增加国家的财政收入，为国家的公共服务和基础设施建设提供资金支持。

重商主义关于消费的思想不仅具有深刻的经济意义，也体现了对当时社会经济发展状况的深刻洞察。它突破了传统观念的限制，为经济发展提供了新的思路和方向。同时，重商主义的思想也为后世的经济研究提供了宝贵的启示和借鉴。

4.2.1.2　古典经济学消费思想

古典经济学被视为西方经济学的开端。古典经济学的消费思想主要源自18世纪至19世纪的经济学家，他们奠定了现代消费理论的基础。古典经济学家如亚当·斯密、大卫·李嘉图、托马斯·马尔萨斯等人，都对消费在经济体系中的作用提出了独到的见解。相较于重商主义的消费观念，古典经济学的消费思想对消费的地位和作用给予了更多的重视和强调。古典经济学思想流派在18世纪至19世纪的经济学中占据了主导地位，并为后来的经济学家提供了宝贵的启示和借鉴。

第一，古典经济学强调消费是经济活动的核心驱动力。亚当·斯密在其经典之作《国富论》中明确指出，消费是生产的最终目的，它刺激了生产的进行和市场的扩张。斯密认为，消费者的需求和购买力直接决定了生产的规模和结构。只有当消费者有足够的购买力去购买商品和服务时，生产才能持续进行，经济才能持续发展。这一观点强调了消费在经济循环中的重要性，也为后来的消费驱动经济增长理论提供了重要的基础。

第二，古典经济学首次将消费分类为生产性和生活性。在第一次工业革命时期，物质短缺，消费问题尚不突出，消费仅被视为生产的一个环节。经济学家如亚当·斯密根据消费是否有助于促进生产来分类消费，并赋予不同伦理评价。威廉·配第则按生产贡献将消费分五级，强调生产性消费对财富积累的重要性。萨伊和约翰·穆勒也认为生产性消费有助于财富和利润增长。亚当·斯密提出评价消费的标准是看其是否增加社会资本和财富，以及是否利于生产者，他认为增加生产性消费能扩大再生产，提升国民财富。

第三，古典经济学在节俭与奢侈的平衡上提出了独到的见解。古典经济学家与重商主义者一样，同样倡导节俭消费，反对奢侈浪费。然而，与重商主义者过度追求贵金属数量不同，古典经济学家更注重社会资本的增加和生产规模的扩大，以创造更多的财富。他们强调限制非生产性消费，以推动生产活动的增长，进而促进整体经济的繁荣。古典经济学家的这种理念，旨在实现经济的可持续发展和社会财富的最大化。大卫·李嘉图在其经济理论中认为，节俭和储蓄对于个人和国家的财富积累至关重要。他认为，通过节俭和储蓄，个人可以积累财富，而国家则可以增加资本投资，推动经济增长。然而，李嘉图也认识到一定程度的奢侈消费在经济中的积极作用。他认为，适度的奢侈消费可以刺激经济活动，增加就业机会，并促进创新和竞争。因此，他主张在个人层面倡导节俭，而在国家层面则通过公共工程和基础设施投资来平衡储蓄与消费，以实现经济的可持续发展。

第四，古典经济学强调自由贸易的重要性，认为这有助于保护消费者利益。这一学派推崇自由市场机制，在对外贸易方面，他们积极倡导自由贸易，并对重商主义的贸易保护政策提出批评，指出这种政策对消费者的利益造成了损害。弗朗斯瓦·魁奈和威廉·配第等经济学家均持此观点，强调对外贸易应满足国内消费需求，而非过度限制进口。亚当·斯密更是直言不讳地批评了英国的重商主义政策，认为其过度保护生产者利益，忽视了消费者的利益。他指出，限制外国商品的输入和奖励本国商品的输出，都会增加国内消费者的负担，损害其利益。因此，古典经济学认为，自由贸易是保护消费者利益的最佳方式，不应过度干预市场机制。

第五，古典经济学还深入探讨了消费结构与社会福利之间的关系。托马斯·马尔萨斯在其人口理论中提出了"消费限制"的观点。他认为，人口增长会受到食物和其他生活必需品供应的限制。因此，他主张通过控制消费和生育率来维持社会稳定和福利。马尔萨斯认为，消费结构的合理调整是实现社会福利最大化的关键。他提倡在满足基本生活需求的前提下，注重提高消费品的质量和效率，以实现资源的合理利用和经济的可持续发展。

古典经济学的消费思想不仅提供了对消费在经济体系中作用的深入理解，还提供了分析和解决现实经济问题的重要工具。它们强调了消费作为经济增长的驱动力、节俭与奢侈的平衡以及消费结构与社会福利之间的关系。这些思想对现代消费理论的发展产生了深远的影响，为政策制定者提供了宝贵的指导。同时，古典经济学的消费思想也提醒我们，在追求经济增长的同时，必须关注消费与社会经济平衡发展的关系，以实现可持续的社会繁荣和福祉。

古典经济学深入探讨了居民消费行为的影响因素，其核心成果包括分析收入水平、消费意愿、消费习俗和税收政策对消费的影响。古典经济学家认为收入是消费的首要影响因素，个人收入增加会促进消费增长。同时，他们强调消费意愿的重要性，提出"有效消费"概念，即消费需要有购买力和购买愿望。消费习俗也被视为塑造消费行为的关键因素，不同风俗习惯会对消费选择产生深远影响。最后，税收政策被看作影响居民消费的重要因素，不仅影响居民可支配收入，还直接影响商品价格和消费行为。

古典经济学时期，经济学家深入探讨了消费与生产的关系。多数人认为消费在经济中占据重要地位，能促进收入增加和分工扩大，如詹姆斯·穆勒、魁奈和亚当·斯密等人都强调了消费对生产的推动作用。然而，关于生产与消费的核心地位，经济学家意见不一。有些如亚当·斯密和大卫·李嘉图主张"生产优先"，强调生产、供给的重要性，并倡导提升生产力。萨伊则提出了"生产创造需求"的观点。而西斯蒙第和马尔萨斯等人则认为消费决定生产，主张国家应干预收入分配以保障消费能力，批评了资本主义的分配制度，强调积累与消费的平衡。"生产优先"者信赖自由市场，而"消费优先"者则强调市场干预。经济大萧条之后，随着凯恩斯主义的崛起，这些观点才再次引起人们的重视。

古典经济学家在讨论消费与生产关系时，受时代限制，消费常被视作生产的附属。尽管消费重要性逐渐凸显，但"生产优先"仍是主流观点。直到凯恩斯质疑"生产自动创造需求"，提出"边际消费递减规律"，"消费优先"才渐受重视。古典经济学家全面分析了消费影响因素，虽缺乏系统理论模型，但所提概念如生产性消费、生活性消费、有效需求等仍具影响力。与边际革命后的理论相比，古典经济学家的探讨更具体细致，实例丰富且贴近国情。尽管有其不足，但古典经济学的消费思想具有开创性，为后续研究奠定了基础，其结合国情的分析方法也提供了重要启示。

4.2.1.3 边际效用学派的消费思想

边际效用学派是经济学中的一个重要流派，其主要的消费思想有围绕"边际效用递减规律"展开的新古典消费思想。边际效用学派认为，消费者的购买行为是由商品的边际效用决定的，而非商品的总效用或平均效用。随着消费者对某一商品消费量的增加，该商品给消费者带来的边际效用会逐渐减少，直至为零或负数。因此，消费者在购买商品时，会根据自己的需求和偏好，选择能够带来最大边际效用的商品组合。边际效用学派的消费思想强调消费者的主观感受和心理满足，认为消费者的购买行为是理性的，旨在实现自身效用最大化。在边际效用理论框架下，消费者对商品的需求量和价格之间的关系呈现出一种反向变动的关系，即价格上升，需求量减少；价格下降，需求量增加。这种关系被称为"需求定律"，是经济学中的一个基本原理。

序数效用论是边际效用学派消费思想中的一个重要组成部分，它强调消费者在购买商品时，并不直接衡量商品的效用大小，而是根据自身的偏好和满足程度对商品进行排序。序数效用论认为，消费者在面对多个商品或商品组合时，会根据自己的喜好和需要，将它们按照一定的顺序排列，从而选择出最符合自己偏好的商品组合。在序数效用论中，消费者对于商品或商品组合的效用评价是相对的，而非绝对的。换句话说，消费者并不直接给出商品或商品组合的效用数值，而是通过对不同商品或商品组合进行比较和排序，来表达自己的偏好。这种偏好排序是主观的，受到个人经验、文化背景、社会环境等多种因素的影响。序数效用论的核心在于"无差异曲线"和"边际替代率"的概念。无差异曲线描述了消费者在不同商品组合之间达到相同满足程度的路径，而边际替代率则衡量了消费者在不同商品之间进行替代的意愿和比率。当消费者面临预算约束时，他们会在无差异曲线上选择出最符合自己预算的商品组合，实现效用最大化。序数效用论的消费思想强调了消费者偏好的多样性和主观性，认为消费者的购买行为是基于个人偏好的相对评价而非绝对效用。这种思想有助于我们理解消费者在面对不同商品或商品组合时如何做出决策，并为市场分析和消费者行为研究提供了重要的工具。然而，序数效用论也存在一定的局限性，例如难以准确衡量和比较不同消费者之间的偏好差异，以及难以处理多种商品和复杂的市场环境等问题。尽管如此，序数效用论仍然是边际效用学派消费思想中不可或缺的一部分，对于理解和分析消费者行为具有重要的指导意义。

边际效用学派中还存在一些其他的关于消费的思想，其中有对时间因素的考虑。杰文斯提出，若假定未来的快乐和痛苦与当前无异，那么对于某一特定商品在特定时间内的分配，最佳策略应是确保每天的消费都能带来相同的最终效用水平。换言之，为了实现整体满足感或效用的最大化，消费者应当力求让每一天的消费带来的满足感均衡一致。令 v_1、v_2 等表示某一天某种商品消费的最终效用程度，则有：

$$v_1 = v_2 = \cdots = v_n \qquad (4.1)$$

考虑到商品的保存期是不确定的，杰文斯进一步假设商品最多可以保存到 n 天，并且消费者能够相当准确地估计剩余商品的可能性。在这种情况下，消费者选择的原则公式（4.1）需要做出相应调整。具体来说，消费者将不再追求每天消费该商品所带来的相同最终效用程度，而是会考虑到商品保存的不确定性以及剩余商品的可能性。因此，新的选择原则将涉及如何在不确定的保存期内最大化消费者的总效用，同时考虑到每天消费和剩余商品的概率分布。这样的调整会使消费者的决策更加复杂，需要综合考虑更多的因素，假设消费者相当准确地估计出所剩商品的概率为p_1、p_2等，则公式（4.1）改变为：

$$v_1 p_1 = v_2 p_2 = \cdots = v_n p_n \tag{4.2}$$

杰文斯强调，之前的分析未充分考虑时间如何影响人们的快乐和痛苦感受。他观察到，"人心并非完美无缺，未来的情感往往无法与现在的相提并论"。为了更全面地反映这一现实，杰文斯引入了新的变量，如q_1、q_2等，用以表示未来预期的快乐和痛苦与当前实际感受的比率。这一调整使得原有的公式（4.2）发生了变化，因为它现在不仅考虑了商品的数量和效用，还纳入了时间因素对未来感受和当前感受之间差异的影响。通过这样做，杰文斯试图更准确地描述消费者在决策时如何在不同时间点权衡快乐和痛苦，则公式（4.2）修正为：

$$v_1 p_1 q_1 = v_2 p_2 q_2 = \cdots = v_n p_n q_n \tag{4.3}$$

杰文斯虽考虑了时间对消费者效用和商品分配的影响，但其描述抽象且笼统。他提出未来期望效用与现在效用的比例是未定的，但未明确如何确定此比例及其随时间的变化。门格尔强调，人类更重视现在或近期的享乐，而非遥远未来。庞巴维克进一步发展了人们通常会依照时间顺序来实现自身欲望的观点。他明确区分了现在物品和未来物品，并提出人们往往更加珍视现在物品的看法。为了将现期消费转换为未来消费，需要引入时间贴水的概念，这是消费理论的一个重要进展。关于为何低估未来消费，庞巴维克认为：一是因为人们根据未来供求估价消费；二是因为对未来需求的不完善考虑、消费上的短期行为以及人生的短暂无常等因素，特别是当涉及时间长或面临特殊情况如病危、战争、灾害时，人们可能不顾未来而在当前就表现出疯狂行为。

边际效用学派中还存在消费者剩余理论。消费者剩余理论是边际效用学派的核心，描述消费者购买商品时获得的额外满足感，即超出支付价格的效用。冯·米塞斯认为，购买发生在主观评价高于支付价格时，将导致生产者剩余和消费者剩余。马歇尔将消费者剩余定义为支付价格与愿付价格的差额。该理论揭示了消费者追求效用最大化的心理满足和经济优势，并受价格、需求和市场竞争等因素影响。消费者剩余概念对理解市场机制、消费者行为及政策制定有重要意义，成为西方分配和福利制度的基础。

斯坦利·布鲁在《经济思想史》中提及了马歇尔对边际效用递减规律所设的两

个关键限制。首要限制关注的是瞬时行为，即不考虑时间跨度内个人特征或体验的变化。相比之下，消费品被视为不可分割。这里我们主要探讨时间因素在边际效用递减规律中的作用。本·塞利格曼在《现代经济学主要流派》中对比了杰文斯和门格尔的观点。杰文斯认为效用递减仅发生在某一瞬间，是消费行为的瞬时快照，不适用于重复消费的情况。他强调，单次消费行为中，不考虑偏好改变或消费间隔带来的效用变化。而马歇尔也持相似观点，关注瞬时消费行为。普遍接受的边际效用递减规律沿用了这一思路，将消费行为限定在特定时间内。以吃包子为例，单次用餐时间内，连续吃包子会导致边际效用递减。然而，当消费过程跨越多个时间段，如从午餐到晚餐，包子的边际效用变化更为复杂。门格尔认为，即使在这种情况下，边际效用递减规律依然适用。约翰·肯尼斯·加尔布雷斯提出了不同看法。他认为不同时间段的消费者满足感或精神状态不可比较。他承认在特定时间内，商品越多，额外商品的满足感越小，购买意愿越低。这体现了需求定律。但他强调，消费品存量的增加可能跨越多个时间段，作为实际收入增长的结果。这意味着，虽然购买额外数量的意愿是基于特定时间段的反应，但消费品存量的增加可能涉及更长时间段。

边际效用学派的消费思想对现代经济学产生了深远的影响。它不仅为后来的消费者行为理论提供了重要的理论基础，也为政策制定者提供了有益的参考。例如，在价格制定、税收政策和市场调控等方面，政策制定者可以根据边际效用理论来分析和预测消费者的反应，从而制定出更加合理和有效的政策。然而，边际效用学派也存在一些争议和限制。首先，边际效用理论假设消费者是完全理性的，但在现实生活中，消费者的购买行为往往受到多种因素的影响，如情感、社会认同等，这些因素可能使得消费者的行为偏离理性。其次，边际效用理论难以准确衡量商品的边际效用，因为不同消费者对同一商品的边际效用可能存在差异，而且边际效用也受到时间、地点等多种因素的影响。总的来说，边际效用学派的消费思想为我们理解消费者行为提供了重要的视角和工具。虽然存在一些争议和限制，但其基本原理和分析方法仍然对现代经济学具有重要的指导意义。

4.2.1.4 新古典经济学派的消费思想

马歇尔的消费思想在新古典经济学派中占据重要地位，他提出了以"边际效用递减"和"需求定律"为核心的消费理论。马歇尔强调，消费者的购买决策是基于对商品或服务的边际效用评估，而非总效用。随着消费者对某一商品的消费数量增加，该商品带来的额外满足感（即边际效用）会逐渐减少。这种递减的边际效用促使消费者在有限的收入下寻求效用最大化，进而决定了他们的购买行为。马歇尔的需求定律则是基于边际效用递减原理，指出在价格不变的情况下，商品的需求量与其价格成反比。即价格上升，需求量减少；价格下降，需求量增加。这一定律反映了消费者对价格变化的敏感性，以及他们在面对不同价格时调整购买行为的意愿。杰文斯等人坚信效用可以直接量化，而马歇尔则持相反观点，他认为效用应间接衡量。马歇尔通过消费者的"需求价格"——即他们愿意为最后一单位商品支付的价格——来评估商品的边际效用。只有当这个需求价格与供应商的供给价格相匹配时，才构成有效的市场需求。马歇尔进一步阐释，一个人拥有的某物品数量越多，在货币购买力和可支配货币数量不变的情况下，他对额外一单位该物品的支付意愿就越低。这意味着，他对该物品的边际需求价格是递减的。马歇尔将这些理念具象化为需求表和需求曲线。需求表的一侧列示购买物品的数量，另一侧则是对应的支付意愿价格。这张表清晰地揭示了随着购买数量的增加，支付意愿价格呈下降趋势。值得注意的是，这一规律不仅适用于个体消费者，也同样适用于整个市场。

马歇尔的消费思想还涉及时间因素，他认为消费行为发生在特定的时间框架内。在短期内，消费者的收入和价格水平相对稳定，他们根据边际效用递减原则调整购买行为。然而，在长期内，随着收入水平和价格结构的变化，消费者的购买行为和需求也会发生相应调整。马歇尔引入了需求弹性和消费者剩余这两个核心概念。尽管需求弹性的初步概念源于约翰·穆勒的《政治经济学原理》，但马歇尔首次对其进行了系统分析，并使其成为他的经济学体系的重要组成部分，为后续西方经济学理论奠定了基础。他观察到，消费者对商品的欲望随着拥有量的增加而递减，但这种递减的速度会有所不同。为了量化这种差异，马歇尔提出了需求弹性的概念，其大小取决于价格在一定程度上下波动时需求量的变化。多种因素，如消费者收入水平、价格高低、社会风俗和商品性质，都会影响需求弹性的大小。

此外，马歇尔还提出了消费者剩余的概念，强调消费者在购买商品后所获得的满足通常超过他们所支付价格带来的满足。这种超过实际支付价格的满足部分，即为消费者剩余。他认为，只有在自由竞争的市场环境中，消费者才能通过比较不同价格来获得这种剩余。消费者剩余的存在不仅凸显了自由竞争市场的优越性，也为分析税收等政策的利弊提供了视角。这一概念对当今西方的分配和福利制度产生了深远的影响。此外，马歇尔还关注消费者对商品品质和多样性的需求。他认为，消费者不仅关注商品的数量，还关注其品质和多样性。因此，厂商在提供商品时，除了考虑数量外，还需要关注品质和多样性，以满足消费者的多样化需求。马歇尔的消费思想强调边际效用递减、需求定律以及时间因素对消费者行为的影响。他的理论为消费者行为研究提供了重要的理论框架，并对市场供需关系、价格形成以及厂商决策等方面产生了深远影响。

马歇尔的消费思想在经济学领域具有深远的影响，他提出的边际效用递减和需求定律为理解消费者行为提供了重要的理论框架。他强调消费者在有限的收入下追求效用最大化，这一观点既符合常理，又揭示了消费者决策背后的经济学逻辑。马歇尔的理论不仅帮助人们理解个体消费者的选择，还能拓展到整个市场供需关系的分析。此外，马歇尔对需求弹性的系统分析以及对消费者剩余概念的提出，进一步丰富了对市场机制和消费者福利的理解。他对需求弹性的探讨使人们能够更深入地理解价格变动对消费者需求的影响，为市场分析和政策制定提供了有力工具。而消费者剩余概念的提出，则强调了自由竞争市场在保障消费者利益方面的重要性，为评估市场效率和政策效果提供了新的视角。马歇尔的消费思想不仅具有理论价值，还为实践提供了指导。他的理论不仅能帮助理解消费者行为和市场机制，还为政策制定和市场分析提供了有力的依据。尽管有些观点在现代经济学中可能有所争议或修正，但其核心思想仍然对理解消费者行为和市场运行具有重要意义。

4.2.2　马克思消费思想

卡尔·马克思，这位19世纪的德国思想家，以哲学家、经济学家、社会学家和政治学家的多重身份，为马克思主义理论体系的创立奠定了基石。他的学说在全球范围内对社会、政治和经济领域产生了深远的影响，尤其在推动社会主义和共产主义运动方面发挥了重要作用。马克思的思想独树一帜，不仅与主流经济学派别有所区别，更在消费理论上有着独到的见解。他深入剖析了资本主义社会的消费问题，对资产阶级的消费观念进行了有力的批判，并在《资本论》等著作中系统阐述了自己的消费思想。这些思想成果，为我们理解消费行为与社会经济结构之间的关系提供了新的视角。

马克思消费思想认为生产决定消费。生产是消费的基础和前提，没有生产的发展，就没有消费的提高和升级。因此，在推动经济社会发展的过程中，必须注重生产的发展和创新，这是因为生产为消费创造对象和材料。没有生产，就没有可供消费的物质基础。人们消费的对象，无论是生活必需品还是奢侈品，都是生产出来的产品。生产不仅创造出消费的对象，还通过不断扩大生产规模和提高生产效率，为消费提供更多更好的选择。同时，生产决定消费的性质、方式和水平。生产不仅创造出消费的对象，还规定着消费的方式和水平。例如，随着生产技术的不断进步，新的消费方式和消费工具不断涌现，人们的消费方式和水平也随之提高。生产的发展还推动了消费结构的升级，使人们的消费需求从单一向多样化转变。而且，生产创造着人们对物质的需求，对消费对象的需求。生产不仅满足人们现有的消费需求，还通过创新和升级产品，激发人们新的消费需求。生产的发展推动着人们对更高品质、更多样化产品的追求，从而不断推动消费市场的扩大和升级。最后，生产的发展速度决定消费水平的增长速度。随着社会生产力的发展，人们的消费水平也不断提高。生产的发展不仅为人们提供了更多的消费选择，还通过提高生产效率和降低生产成本，使消费者能够享受到更加优质、价廉物美的产品。

马克思消费思想中，不仅强调了生产对消费的决定性作用，也深刻阐述了消费对生产的反作用。消费作为社会经济活动的重要环节，不仅为生产提供了广阔的市场和持续的动力，还通过其需求导向，引领着生产的方向和结构。随着消费水平的提升和消费结构的优化，消费者的需求不断升级，对产品的品质和功能提出更高要求，这反过来又激励着生产者不断创新，改进生产工艺，提升产品品质，以满足市场的新需求。这种消费与生产之间的良性互动，不仅促进了资源的合理配置和高效利用，还推动了技术的进步和产业的升级，为社会经济的持续健康发展注入了强大的动力。因此，在马克思看来，消费与生产是相互依存、相互促进的，二者共同构成了社会经济生活的核心内容。

马克思的消费思想深刻揭示了消费与生产之间的同一性，这种同一性不仅体现在它们的直接相互关联上，更在于它们在社会经济生活中的互相依存、互相转化和决定性作用。首先，消费与生产具有直接的同一性。马克思认为，生产行为本身就其一切要素来说也是消费行为，因为任何生产都会消耗生产资料和劳动力。同时，消费行为实际上也具备了生产的属性。原因在于，消费生产资料的过程，本质上就是一个生产或服务的过程。人的体力和脑力的消耗也是劳动力的生产过程。这种直接的同一性揭示了消费与生产之间的紧密联系和相互转化。其次，消费与生产相互依存、互相促进。生产提供消费所需的物质基础，而消费则激发生产的动力和需求。无生产则无消费对象，无消费则生产缺乏动力。消费与生产通过这种相互依存的关系彼此发生作用，共同推动着社会经济的运行和发展。再次，消费与生产还具有互相转化的关系。生产创造出消费的对象和材料，而消费则使这些产品和材料得到最终的实现和完成。在这个过程中，消费不断地创造出新的生产需要，推动着生产不断扩大和升级。同时，生产也通过不断创新和改进来满足消费者日益增长的需求，从而实现消费与生产的良性循环。最后，消费与生产在社会经济中具有独立性和决定性。虽然消费与生产紧密相连、互相作用，但它们各自具有独立性，处于对方之外。马克思消费思想中的消费与生产同一性，揭示了消费与生产之间的紧密联系和相互作用。这种同一性不仅体现在消费与生产的直接同一性和互相依存上，还体现在它们的互相转化和决定性上。这种同一性是社会经济运行和发展的基础，也是实现社会经济可持续发展的重要保障。

马克思的消费思想中关于消费与生产关系的论述揭示了两者之间的密切联系和相互作用。这种关系不仅影响着社会经济的发展，也关系到人的自由发展和全面进步。因此，在理解和解决当代社会消费问题时，需要充分考虑消费与生产的关系，促进两者的协调发展。

马克思认为影响消费的主要因素包括分配制度、生产结构、收入水平与生产价格以及储蓄水平。

在马克思的经济理论中，分配制度被视为消费的关键因素之一。马克思经济理论中，分配制度是消费的关键。他剖析了资本主义分配方式对消费的影响，指出资本家占有大部分价值，工人收入微薄，导致消费结构失衡。马克思认为这损害工人利益，阻碍经济发展，强调必须改革分配制度，提高工人收入，以释放消费潜力，促进社会经济的繁荣与进步。

马克思经济理论认为，生产结构决定消费结构。生产不仅提供物质产品，还决定市场商品选择，影响消费者决策。技术进步和产业调整改变消费习惯，如绿色消费潮流反映生产变革。生产结构也影响收入分配，进而影响消费结构。因此，分析消费需深入生产结构，以把握消费趋势，引导合理消费，并助力政府经济政策制定。

马克思消费思想强调收入对消费的关键影响。收入决定购买力和消费预期，影响社会消费水平和结构。资本主义下，工人收入受限，消费能力低。生产价格变化也影响消费。不同消费品对收入变化的反应不同，必需品反应小，非必需品反应大。马克思认为，提高消费水平需关注收入分配，确保劳动者获得合理报酬，激发消费潜力。

马克思消费思想中，储蓄水平对消费有重要影响。马克思分析了资本主义下储蓄与消费的关系，指出储蓄会影响消费水平。收入、消费习惯和未来预期等影响储蓄行为。资本主义制度下，由于收入分配不均和未来不确定性，人们会进行储蓄以应对风险,这减少了当期消费。储蓄与消费存在此消彼长的关系。资本家为扩大生产和占有更多剩余价值,会压低工人消费,导致工人消费能力下降,形成生产与消费的矛盾。分析消费问题时,必须考虑储蓄水平的影响。

为了更好地揭示资本主义消费的实质,马克思将消费分为生产消费与个人消费,生产消费又分为生产资料消费与劳动力消费,个人消费分为资产阶级的个人消费和工人阶级的个人消费,如图 4.1 所示。

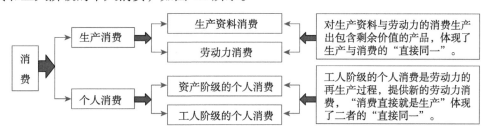

图 4.1　马克思对生产消费和个人消费的划分

马克思指出,在资本主义制度下,生产消费实质上是资本实现增值的一个关键环节。这一过程涵盖了诸多方面,如原材料、燃料以及厂房、机器设备等生产资料的耗费,同时也涉及劳动者体力和智力的投入。正是这两种不同类型的消费相互融合,才催生出蕴含剩余价值的物质产品。可以说生产消费是生产过程中不可或缺的消费环节,它既是生产活动的一部分,也体现了消费活动的特点,彰显了消费与生产之间紧密相连、互为依存的关系。在这个意义上,生产消费展示了消费与生产之间"直接同一"的本质特征。

马克思在探讨个人消费时,强调了资产阶级与无产阶级之间显著的差异。他指出,无产阶级的个人消费通常维持在较低水平,消费方式简单,主要局限于满足基本生存需求的范围内。相比之下,资产阶级则倾向于奢侈和挥霍的消费模式,主要集中在享受和奢侈品的消费上。然而,在资本主义体系下,尽管这两个阶级在消费上存在巨大鸿沟,它们都受制于资本对剩余价值的追求。这导致了一个矛盾的现象:一方面,为了不断增加积累和扩大生产消费,资本不断推动生产规模的扩张;另一方面,为了最大化剩余价值,资本又不断压制广大民众的个人消费。因此,在资本主义制度下,生产消费与个人消费始终处于一种紧张而矛盾的状态中。

在资本主义体系中,生产消费与个人消费间存在显著矛盾,导致消费不足,根源在于资本主义私有制,可能引发经济危机。无产阶级劳动力再生产与个人消费间,以及资产阶级资本积累与个人消费间均体现此矛盾。资本家寻求工资与剩余价值间的平衡,限制工资增长以最大化剩余价值,导致工人消费需求受限,形成消费不足。资产阶级虽可能奢侈消费，但根本目的仍是追求剩余价值，个人消费常让位于资本积累。资本主义私有制割裂生产与消费关系，造成基本矛盾。单纯刺激消费不能解决问题，需以社会主义制度取代资本主义制度，方能真正解决矛盾。

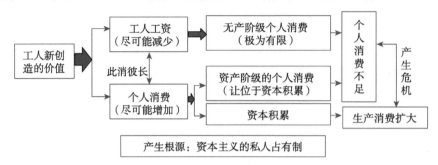

图 4.2　资本主义制度下的生产消费与个人消费矛盾图

4.2.3　收入决定消费理论

现代消费理论的起源可以追溯到20世纪30年代，当时商品过剩现象普遍存在，这促使众多学者开始深入研究居民消费行为。其中，凯恩斯在1936年提出的绝对收入消费函数理论，被公认为现代消费理论的开端。该理论在宏观经济研究中占据核心地位，主要探讨经济活动中消费如何被决定。其演进过程包含三个阶段。

第一阶段大约始于20世纪中期，这一时期的代表性理论包括凯恩斯的绝对收入假说以及杜森贝利的相对收入假说。这一阶段的研究主要在静态分析框架下进行，关注确定性条件下消费与现期收入之间的关系，并寻求经验支持。杜森贝利特别指出，消费者行为具有后顾和攀附的特性。

第二阶段发展至中期，莫迪利安尼的生命周期假说与米尔顿·弗里德曼的持久收入假说成为这一时期的代表理论。在新古典经济理论的框架下，这一阶段的研究聚焦于具有前瞻性的消费者在确定性条件下如何平衡消费与预期收入。

自20世纪末期起直至当下，为发展的第三阶段，此阶段的代表性理论有罗伯特·霍尔的理性预期理论、预防性储蓄假说以及流动性约束假说。在这一时期，不确定性分析被明确地引入消费理论的研究中，从而使得消费理论迈入了一个崭新的发展阶段。

现代消费理论对消费者行为的假设可分为两大类：一类是基于凯恩斯理论框架下的消费者行为假设，另一类则是基于新古典理论框架下的消费者假设。这些假设和理论为深入理解居民消费行为奠定了重要基础。

4.2.3.1 绝对收入假说

在《就业、利息和货币通论》中，凯恩斯消费理论占据了举足轻重的地位，并与投资理论共同构成了有效需求理论的核心框架。他首次将"收入"变量引入消费分析，提出了绝对收入假说，这一创新性的观点从宏观经济的视角揭示了消费与收入之间的紧密联系，为消费理论的发展奠定了坚实的基础。

绝对收入假说的第一个核心理念在于，消费是取决于当期收入水平的。

绝对收入假说提出消费与收入之间存在着一种稳固的函数关系，可以表示为：

$$C_t = \alpha + \beta Y_t$$

其中，t时期的消费表示为消费C_t，t时期的收入表示为Y_t，自发性消费表示为α，表示即使在没有收入的情况下也会发生的消费，β表示边际消费倾向（Marginal Propensity to Consume，MPC），它衡量了消费随收入变化而变化的程度。凯恩斯假设MPC即$0<\beta<1$，这意味着随着收入的增加，消费也会增加，但消费的增长速度会低于收入的增长速度。换句话说，收入增量中只有一部分会被用于增加消费，且这个比例是逐渐减小的，这就是所谓边际消费倾向递减现象。这是凯恩斯消费理论的第二个核心观点。凯恩斯进一步指出，影响边际消费倾向递减的因素有很多。客观方面，工资单位的变动、收入与净收入之间差额的变化、未计入净收入的资本价值的意外变动，以及现有物品与未来物品交换比例的改变都可能对边际消费倾向产生影响。主观方面，人们可能会为了应对未来的不确定性而储蓄一部分收入，或者为了获取利息和财产增值、积累投资本金，甚至为了留下遗产而减少消费，这些因素都会导致边际消费倾向的递减。

凯恩斯消费理论的第三个核心观点是平均消费倾向递减理论。平均消费倾向（Average Propensity to Consume，APC）是指在当前时期内，消费占据收入的比例，即$APC = C_t/Y_t$。边际消费倾向递减导致平均消费倾向也呈递减趋势。即当个体或家庭的收入水平提高时，消费在总收入中所占的比重会逐渐减少，这也说明了边际消费倾向小于平均消费倾向的现象。因此，可以得出结论：收入较低的家庭倾向于将更大比例的收入用于消费，而收入较高的家庭则比例相对较小。这意味着，如果社会中的收入分配更趋平均，整个社会的平均消费倾向将会相应提升；相反，如果收入分配不均，则会导致整体消费倾向的下降。

4.2.3.2 相对收入假说

相对收入假说，由经济学家杜森贝利提出，是对凯恩斯消费理论的一种重要补充和修正。杜森贝利认为，人们的消费行为并非仅由当前的绝对收入所决定，而是受到相对收入水平、过去收入与消费习惯等多重因素的影响。他强调"过去收入"在消费决策中的关键作用，指出消费者的支出习惯常受到过去高峰时期收入和消费水平的影响，即便当前收入下降，也可能因棘轮效应而维持原有消费水平。此外，杜森贝利还提出了"示范效应"，指出消费者的行为常受到周围人的影响。

杜森贝利的相对收入假说提出了消费中的"示范效应"和"棘轮效应"的概念，提供了一个更为全面和深入的理解消费行为的理论框架。它不仅考虑了消费者的当前收入水平，还纳入了过去收入、消费习惯以及社会心理因素等多重维度，从而更准确地揭示了消费与收入之间的复杂关系。

示范效应揭示了个人消费支出并非仅由个人收入所决定，而是深受周边与自身收入相近人群的消费行为影响。这种现象反映出消费中的模仿与攀比心理，即人们往往会根据他人的消费水平和习惯来调整自己的消费行为。在示范效应的作用下，消费者往往倾向于效仿周围人，追求更高的生活水平。即使他们的收入并未增加，也可能会增加消费支出，以维持或提升自己的社会地位和形象。这种消费行为的调整，使得在示范效应的影响下，边际消费倾向并不一定会呈现递减的趋势。因此，示范效应为我们理解消费行为提供了重要的视角，揭示了消费决策背后的复杂心理和社会因素。

棘轮效应揭示了消费习惯形成后的难以改变性。消费者的支出不只受当前收入影响，还受过去收入，特别是高峰时期收入的影响。收入增时消费增，但收入减时消费难降，因过去高收入时的消费习惯会延续。当收入偏离其长期增长趋势时，短期消费倾向会低于长期的。长期来看，消费与收入比率相对固定，形成直线消费函数；但短期内，由于棘轮效应，消费函数呈曲线形态，强调过去收入与消费习惯对当下消费决策的影响。

相对收入假说在经济学领域中为消费者行为的研究带来了显著的革新。与凯恩斯仅凭内省和偶然观察构建的绝对收入假说相比，杜森贝利的这一理论从更深层次的消费者行为分析与设定着手，打破了旧有的理论框架。其理论核心在于假定消费者不仅是"后顾的"，受过去消费行为和经济状况的影响，还是"攀附的"，即消费行为会受到周围人群的影响，形成了独特的"示范性"消费行为。在这种假设下，消费者不再是简单的、仅由当前收入决定消费水平的经济主体，而是变得更为复杂、更具现实性。他们不仅会根据当前的经济状况调整消费行为，还会参考过去的消费习惯和同等级别人的消费水平来决定当前的消费选择，以期在预算约束下达到效用的最大化。通过引入"过去收入"这一重要变量,相对收入假说极大地拓宽了对消费者行为研究的视角和深度。尽管这一理论在多个维度上都较绝对收入理论有了长足的进步,但仍存在局限。特别是对于"库兹涅茨悖论"的解释力不足,说明它在宏观经济增长与储蓄率之间的关系方面仍需进一步完善和补充。总体来看,相对收入假说无疑是消费者行为研究史上的一次重要跃迁,为后续研究奠定了坚实的基础并提供了新的思考方向。这一理论对于理解现实生活中的消费行为、制定经济政策以及预测经济走势都具有重要意义。

4.2.4 生命周期假说与持久收入假说

生命周期理论的提出与西方经济在二战后的宏观经济政策及其后果密切相关。战后,凯恩斯主义的国家干预政策在西方主要发达国家得到广泛实施,带来了一段时期的经济繁荣。然而,长期"赤字膨胀"政策带来的繁荣终于付出了代价,导致经济危机再次爆发,尤其在20世纪60年代末至70年代初,经济陷入"滞胀"困境。在这一时期,消费函数的经验研究由于缺乏坚实的理论基础而陷入混乱。学者们对于如何解释和预测消费行为存在分歧,一部分学者试图通过增加时间序列数据中的变量数量来解决问题,而另一部分学者则试图在模型中引入新的变量。然而,这些方法都未能为储蓄率的长期稳定性提供令人满意的解释。在这样的背景下,学者们将个体的消费行为与其整个生命周期的收入和财富联系起来,提出了生命周期假说。根据生命周期假说,个体会根据预期的未来收入和财富来平滑其一生的消费路径,以实现效用最大化。储蓄率在长期内会表现出相对稳定性,是因为个体会根据其生命周期的不同阶段调整其储蓄和消费行为。生命周期假说的提出为消费函数的研究提供了新的思路和方法,使得对储蓄率的长期稳定性有了更为合理的解释。同时,它也为我们理解个体消费行为和经济周期之间的关系提供了新的视角。尽管生命周期假说并非完美无缺,但它无疑为消费函数的研究开辟了新的道路,并为后续的研究提供了重要的启示。

4.2.4.1 生命周期假说

生命周期假说,是由美国经济学家莫迪利安尼、布伦贝格和安东联合提出的理论,从新的视角探讨了消费者在整个生命周期内的收入与消费关系。该理论在凯恩斯消费理论的基础上进行了重要的修正和发展,特别是在消费、消费函数及其基础等核心问题上提出了新的见解。莫迪利安尼与其他学者一起,明确界定了消费和支出的概念，将非耐用消费品的即时购买费用、劳务的即时支出以及耐用消费品当期使用产生的折旧费用总和定义为消费，这样的定义凸显了消费仅是支出中的一个组成部分。这一精细化的定义不仅丰富了凯恩斯消费理论的内涵，也为后续研究提供了更为精准的分析框架。

生命周期假说主张个人的消费行为并非仅受当前收入的影响，而是基于对一生预期总收入的考量。在这一框架下，理性的消费者会追求在整个生命期间内消费的平稳分配，根据预期的终生收入来合理规划自己的消费与储蓄，从而实现跨时期的消费最优化。这一观念被莫迪利安尼称为"基本的生命周期假说"，即 $C=\alpha Y$。即不同年龄段的个体会表现出不同的消费倾向。在生命周期假说的视角下，消费并非孤立的行为，而是与个体所处的生命阶段紧密相关，呈现出动态变化的特征。这样，消费就取决于代表性消费者所处的生命周期阶段。

4.2.4.2　持久收入假说

持久收入假说（Permanent Income Hypothesis，PIH）是由美国著名经济学家米尔顿·弗里德曼（Milton Friedman）于1957年提出的。它是生命周期假说的一个重要补充和发展，共同构成了现代消费函数理论的基础。弗里德曼的持久收入假说与生命周期假说有相似之处，都强调了消费不仅取决于当前收入，还要考虑未来的预期收入，但是生命周期假说注重于消费者在一生中如何平滑消费，而持久收入假说更注重于收入的稳定性与可预测性。持久收入假说主张，决定消费者消费支出的并非其当前收入，而是他们的持久收入。持久收入，指的是消费者能够预期的长期稳定收入流，这种收入是在较长一段时间内可预期的、稳定的收入来源。在持久收入假说的框架下，消费者会理性地规划自己的消费行为，以持久收入为基础，力求达到效用最大化。当消费者的现期收入高于持久收入时，他们会将多余的收入储蓄起来；当现期收入低于持久收入时，他们会使用储蓄来弥补消费的不足。因此，持久收入假说可以解释为什么在经济繁荣时期，尽管人们的现期收入增加了，但消费并没有大幅增加，因为人们会根据持久收入来平滑消费。

4.2.5　随机游走假说

消费的随机游走理论，起源于经济学家罗伯特·霍尔的研究，他结合永久收入假说与消费者理性预期假设，提出了随机游走理论，作为揭示消费行为不确定性的关键理论之一，为研究者提供了新的认知框架。

该理论的核心逻辑在于：消费并非遵循某种固定的或可预测的模式，而是受到多种不可预测因素的影响，呈现出随机游走的特性。这种随机性源于消费者所面临的复杂多变的外部环境，如收入的波动、市场需求的变化以及政策的调整等。这些因素的综合作用使得消费行为变得难以预测，增加了消费支出的不确定性。然而，这种不确定性并不意味着无法理解和分析消费行为。相反，通过深入的研究和分析，研究者可以发现隐藏在消费行为背后的某些规律。这些规律有助于更好地理解消费者的行为模式，并为预测未来的消费趋势提供有价值的线索。

随机游走理论还强调了消费者行为的不确定性和随机性。在面临收入波动时，消费者会努力保持不同时期的消费平稳，根据自身的预期来调整消费决策。这些预期基于他们所能获取的信息，而只有当接收到能够修正其预期的新信息时，消费者的消费行为才会发生变化。这也意味着，只有未预料到的政策变动或市场变化才会对消费产生实质性的影响。

随机游走理论为理解消费行为提供了新的视角和工具。它突破了传统消费理论的局限性，更加注重消费行为的不确定性和随机性。通过深入研究和应用这一理论，研究者可以更好地把握消费行为的本质和规律，为经济预测和政策制定提供更有力的支持。同时，这也为未来的研究提供了新的方向和挑战。

4.2.6 预防性储蓄理论

预防性储蓄理论，隶属凯恩斯主义经济学，最初由凯恩斯提出。这一理论着重强调，个体在面对未知未来和突发事件时，会倾向于进行预防性储蓄，以此作为自我保护的手段，确保有足够的资金储备。当人们感知到未来的不确定性增强时，他们更可能增加储蓄以应对潜在风险，未来的风险越高，他们会进行更多的预防性储蓄。在不确定性的情境下，预期未来消费的边际效用会高于确定性情境，从而吸引消费者进行更多的预防性储蓄，以便在未来消费。因此，在不确定性增加的情况下，收入的减少会导致预防性储蓄的增加和消费支出的减少；相反，收入的增加则会降低预防性储蓄并增加消费支出。这显示了当期消费与收入之间的正相关关系，且这种关系随着不确定性的增加而增强。这一结论与凯恩斯的绝对收入假设是一致的。

与生命周期假说相比，预防性储蓄理论考虑了不确定性对消费的影响，从而为其提供了有益的补充。学者们在研究生活消费与储蓄的关系时，常将生命周期假说与弗里德曼的持久收入假说结合，形成了生命周期-持久收入假说（LC-PIH）这一理论框架。在此基础上，学者们进一步考虑了未来的不确定性和收入风险等因素，从而发展出了具有代表性的预防性储蓄理论。

随着数字普惠金融的发展，数字技术如大数据和云计算被广泛应用于减少消费成本、缓解信息不对称以及提前锁定风险。这些技术优势在一定程度上增强了人们的消费信心，进而促使人们减少预防性储蓄，增加当前消费，从而有效扩大内需。

4.2.7　流动性约束理论

流动性约束理论，也被称为信贷约束理论，作为消费理论的一个新发展，最初是由托宾（James Tobin）和弗莱明（Michael Fleming）在20世纪70年代提出的，并经过多位学者的深入研究。该理论强调消费者在从金融机构和非金融机构等渠道获取贷款以满足消费需求时所面临的限制，这种约束不仅影响消费者的当期消费决策，还可能导致消费者对可预测收入变化的过度敏感。当消费者面临较高的消费信贷利率时，他们可能会在现期收入有限的情况下选择放弃信贷，以避免未来的偿债压力。这种情况下，消费者只能根据现有收入进行较低水平的消费。与生命周期假说或持久收入假说相比，流动性约束使得现期收入对现期消费的影响更为显著。Zeldes（1989）的研究进一步支持了这一点。他通过对比受流动性约束和不受约束的家庭，发现受约束家庭的消费增长率更高。他提出，当消费者拥有的财产数量低于某一特定水平时，就可以认为他们受到了流动性约束。同样，多恩·布什（2003）也指出，即使消费者对未来收入有较高预期，但如果他们无法通过借款来维持当前消费，那么就存在流动性约束。这种约束具有资产单向性，主要源于信息不对称、逆向选择和信贷市场的不完善。这些因素阻碍了消费者便捷地通过借贷方式享受金融服务。因此，从消费角度看，流动性约束反映了消费者享受金融服务和满足消费需求的难易程度。

随着数字技术的迅猛发展，金融市场的信息不对称问题得到了有效缓解，从而提高了信贷市场的效率。数字金融平台的兴起，使得个体能够更便捷地获取金融服务，降低了借贷门槛。大数据分析、人工智能等技术手段的应用，使得金融机构能够更准确地评估借贷者的信用状况，进而提供更加个性化的信贷产品。这些创新不仅拓宽了融资渠道，还降低了融资成本，有效缓解了流动性约束对个体消费活动的制约，在一定程度上也扩大了消费需求，进而促进消费升级。

4.2.8 需求层次理论

后凯恩斯学派批判新古典经济学的理性行为假设，提出以"惯例"和"经验"为行为准则，强调社会经济的不确定性及人的有限理性。他们认为生产和供给是经济核心，反对市场均衡分析，关注生产领域中的收入分配关系。赫伯特·西蒙的过程理性学说指出，由于现实世界的复杂性和人类信息处理能力的有限性，经济主体往往寻求满意解而非最优解。后凯恩斯主义消费理论以过程理性为基础，更贴近现实地分析了消费者行为，解释了不同情境下的消费选择。这些观点在转轨国家消费者行为研究中得到进一步验证。于是在此时期提出了需求层次理论。

需求层次理论源自 Maslow 的《心理学评论》，他提出消费者的需求主要分为物质需求和精神需求。马斯洛将消费需求分为生理、安全、社交、尊重和自我实现五种需求，强调人的需求是有层次的，基本需求相对低级，这些需求之间存在梯度特征。当收入增加时，人们只有在满足生理安全需求的基础上，才会追求尊重和自我实现等高层次需求，这也表现为消费结构升级，即在收入水平提高的情况下，人们会优先满足低层次的消费需求，而只有当生存型消费需求得到满足后，才会寻求更高层次的消费需求。此外，代表人物门格尔（2005）将人的欲望满足划分为衣食住行、享乐等具有阶梯特征的层次，并用数字特征进行描述。消费品对消费者的重要性随着消费者满足程度的提高而降低，这一规律表明，消费者的消费呈现出不断向高层次方向发展的趋势。

4.2.9 行为消费理论

新古典经济学主张预算约束由客观财富变量以特定方式组合而成，具有外生性。然而，行为经济学对此提出了不同见解。它认为，尽管财富变量是客观的，但人们将这些变量整合成预算约束的过程受到主观因素的深刻影响。理查德·塞勒创造性地提出了"心理核算"这一概念，以描绘个人或家庭在日常交易和财务管理中进行的记录、总结、分析和自我反馈等认知活动。

心理核算理论虽起源于行为金融研究，但在探究消费者预算约束形成机制方面，也展现出了其独特的价值和重要性。具体而言，该理论聚焦于两个核心问题：一是个人如何对不同的财富进行合理分类，这与心理账户理论紧密相关；二是个人如何评估每一类别财富的变化，这涉及前景理论和选择归集理论的深入应用。

4.2.9.1　心理账户理论

鉴于不同财富之间的独特性和不可替代性，消费者在面对多样化的财富组合时，会展现出差异化的消费行为。为了深入探究这一现象，赫什舍夫林和塞勒致力于研究消费者如何在各类财富的影响下做出选择，进而提出了"心理账户系统"概念，揭示了人们内心对财富分类与管理的心理原则。

为了提高财富的运用效能，人们在心中构建了多个独立的心理账户。每一笔财富都被精心地归入对应的账户中，而这些账户间的资金流动并非随心所欲，而是受到一定成本的制约。在划分心理账户时，人们通常会遵循以下三种逻辑：

一是依据财富的来源进行划分。例如，工资、奖金、利息、税收返还以及意外之财等，每种来源的财富都被赋予独特的意义，并归入相应的心理账户。这种划分方式反映了人们对不同来源财富的差异化态度和消费倾向。

二是根据财富的预定用途来设立账户。人们在内心为食品、服装、教育、医疗保健和住房等潜在支出项目设立了专门的账户，并根据实际需求为每个账户分配资金。这种分类方式有助于人们更好地规划和管理自己的支出，确保各项需求得到合理满足。

三是按照财富对人们的诱惑程度进行划分。人们将财富分为当前可支配的、当前资产的和未来收入的三种账户。当前可支配账户中的资金最容易被消费，如现金和信用卡等；当前资产账户则包括各种形式的资产，如储蓄、股票等，人们对其的消费较为谨慎；而未来收入账户则涵盖了预期的未来财富，由于距离现实较远，其诱惑程度相对较低。这种分类方式有助于人们更好地抵御诱惑，做出更为理性的消费决策。消费函数可以写作：

$$C = f(I, A, F)$$

并且满足 $1 \approx \frac{\partial C}{\partial I} < \frac{\partial C}{\partial A} < \frac{\partial C}{\partial F} \approx 0$。显然，如果由于某些特定因素，部分款项由 I 转入 A 或者 F，消费者的支出很可能会受到影响而降低。考虑到前两种划分方式相对更为具体，其普适性可能稍显不足，而第三种方式由于其抽象性，能够更全面地体现财富间的不可替代特点，因而成为更常用的分类方法。

4.2.9.2　前景理论和选择归集理论

卡尼曼和特沃斯基提出的消费前景理论，也被称为前景理论，是经济学和心理学领域中的一个重要理论。该理论主要描述了人们在面临不确定性和风险时如何做出决策，特别是在消费领域。前景理论通过引入价值函数、参照点和权重函数等概念，深入剖析了人们的决策过程和行为偏好。价值函数是前景理论的核心之一，它反映了人们对不同结果的主观感受。在消费决策中，价值函数表现为人们对利润和损失的不同敏感度。通常人们对损失的感受比对利润的感受更为强烈，这导致他们在面临潜在损失时更加谨慎。参照点则是人们在做决策时的基准点，它会影响人们对利润和损失的评估。在消费情境中，参照点可能是商品的价格、品质、品牌形象等。人们会根据自己的参照点来评估不同选项的优劣，从而做出决策。权重函数则描述了人们在决策过程中对概率的主观赋权。在消费决策中，这意味着人们可能会对某些概率事件给予过高的权重，而对其他事件给予过低的权重。这种偏差可能导致人们在决策时过于关注某些方面而忽视其他方面。

前景理论在消费行为中的应用广泛而深入。例如，它可以解释为什么人们在面对相同价格的商品时会有不同的反应，因为这取决于他们的参照点和价值函数。此外，前景理论还可以帮助企业制定更有效的营销策略，通过调整商品的价格、品质或品牌形象来改变消费者的参照点和价值函数，从而影响他们的消费决策。

在卡尼曼和特沃斯基的前景理论基础上，塞勒进一步探讨了人们如何评估各个心理账户下财富的变化，提出了选择归集理论，选择归集理论聚焦于跨期情境中，研究个体对各心理账户进行评估的时间间隔。这一理论认为，不同的人对心理账户的评估频率存在差异，而这种差异又会影响他们的选择。具体而言，评估的时间间隔会受到多种因素的影响，如收入水平和投资类别。例如，低收入者往往需要更频繁地评估其心理账户，以确保对收支情况的掌控；而高收入者由于预算约束较少，因此评估心理账户的间隔相对较长。同样地，股票投资者相较于基金投资者，其评估间隔可能更短，因为股票价格短期内的波动性更大。人们对于不同心理账户的评估频率也可能有所不同。例如，对当前可支配账户的评估频率通常高于当前资产账户，而对当前资产账户的评估频率又高于未来收入账户。这种差异反映了人们对不同类型财富的关注度和紧迫感。

在消费行为方面，选择归集理论也提供了有益的启示。以信用卡消费为例，每次消费都会导致信用卡这一心理账户的小额损失。然而，在还款过程中，这些小额损失被汇总在一起。根据价值函数的特性，有 $v(\Delta x) + v(\Delta y) < v(\Delta x + \Delta y)$，其中 $v(\Delta x)$ 和 $v(\Delta y)$ 表示每次消费的价值函数，Δx 和 Δy 表示每次消费的受益或损失。因此人们对其所受损失的感受会因信用卡的存在而降低。这种汇总方式可能会降低人们对损失的感受。因此，信用卡的存在可能会在一定程度上减弱人们的损失感知。

4.3   数字金融影响居民消费结构机制分析

数字金融以广泛的服务范畴和较低的进入标准，有效地打破了金融排斥的鸿沟，为更多人铺设了通往金融资源的道路。其普惠特质不仅体现在便捷性上，更彰显了它在推动金融包容与平等方面的重要作用，成为一种强有力的金融服务形态。它通过数字技术与传统金融的深度融合，不仅展现了金融的属性特征，更充分发挥了金融中介的职能。

依据数字金融的相关理论，数字金融的发展理论说明数字金融的技术创新和模式创新对金融服务具有普及与优化作用，这使得更多居民能够享受到金融服务的便利，进而促进了消费结构的升级；长尾理论则指出，数字金融通过满足大量被传统金融忽视长尾客户的需求，进一步拓展了消费市场，对居民消费结构产生了深远影响；结合金融排斥理论以及数字金融的便利性可知，一部分居民由于技术、认知等原因被排斥在外，而数字金融的便利性、包容性、数字性等特点使得这一部分群体可以被纳入金融服务的范围中，进而影响居民消费结构。

依据消费理论，收入决定的消费思想强调了收入对消费结构的基础性作用。数字金融通过提供多样化的金融产品和服务，如移动支付、信贷、数字保险、投资等，增加了居民的收入来源和收入水平，进而影响了他们的消费结构；马克思消费思想则从社会关系的角度分析了消费的本质，而数字金融的发展在一定程度上改变了社会生产关系和消费关系，从而影响了居民消费结构；生命周期假说认为，人们会根据一生的预期收入来平滑消费，数字金融通过提供便捷的信贷服务，降低了居民的流动性约束，使他们能够更灵活地调整消费结构。预防性储蓄理论则强调了未来不确定性对居民消费的影响，数字金融通过提供数字保险等风险管理工具，降低了居民的未来风险预期，促进了他们的消费。流动性约束消费理论进一步指出，数字金融的发展缓解了居民的信贷约束，提高了他们的消费水平。而需求层次消费理论则揭示了居民消费需求的层次性，数字金融通过满足居民不同层次的消费需求，推动了消费结构的升级。

将数字普惠金融对消费结构升级的影响总结为增加居民收入路径、优化支付环境路径、降低流动性约束路径、提高居民保障路径、提升风险管控路径以及激发创新创业六条路径对居民消费结构升级产生影响。

4.3.1　增加财产收入影响消费结构

根据凯恩斯（1936）的收入决定理论，居民的消费变动与其可支配收入的变动呈正向关系。而数字金融的发展，正如江红莉等（2020）所指出的，能够通过促进经济增长、缩小城乡收入、优化产业结构等途径实现居民收入水平的提高，从而推动了消费量的增长和消费结构的升级。数字金融借助其降低服务门槛、缓解金融排斥等优势（陈晓霞，2020），使得金融服务更加普及和便捷。这不仅为居民提供了更多投资理财的机会，还通过丰富多样的金融产品组合增加了他们的财产性收入。这种财产性收入的增加，进一步增强了居民的财富效应，提升了他们追求更高层次消费的信心与动力（Tully et al.，2015）。江国才等（2018）和曹力群等（2000）的研究也表明城乡居民的消费均随着收入水平的提高而向更高层次的消费倾斜。孙巍等（2015）在相关研究中指出，收入效应是推动城镇居民消费结构升级的主要因素。与此观点相同的是曹力群等（2000）研究观察到随着农村居民收入水平的提升，其消费习惯正在显著变化，尤其体现在需求弹性较大的消费品上，如耐用品和文化娱乐产品，这些品类的消费增长率相对较高，反映出农村居民消费结构的逐渐改善。这进一步证明了收入水平提高对消费结构升级的推动作用。

通过整合和分析相关理论和文献，更加清晰地显示了数字金融可以通过增加居民的财产性收入进而提高消费结构的过程和机制。这一过程中，收入水平的提高发挥了至关重要的作用，是推动居民消费结构升级的重要因素之一。

4.3.2　优化支付环境影响消费结构

数字金融的迅猛发展，特别是在支付环境的优化方面，以移动支付为代表，已经深刻重塑了居民的生活与消费模式。据刘湖和张家平（2016）的研究，这种变革不仅影响了消费者的日常交易方式，更在潜移默化中改变了他们的消费观念，促使居民消费由生存型向发展型转变。传统的功能性消费需求正逐步让位于对个性化、品质化以及深度体验的追求，特别是在健康、知识、精神满足以及智能化产品方面的消费投入日益增加。

移动支付，作为数字金融的杰出代表，其便利性得到了广泛认可。多样化支付手段的涌现，如二维码支付、NFC接触支付以及人脸识别支付，不仅为消费者提供了更多选择和优质的服务体验，而且通过降低交易成本，显著提升了消费者的支付意愿，推动了消费的全面升级。在这一过程中，移动支付的作用尤为突出。张岳和彭世广（2020）的研究揭示，移动支付的出现极大地减轻了支付的心理负担，使得消费者更容易产生冲动性购买行为。值得注意的是，这些因移动支付而增加的额外消费，往往聚焦于发展型和享受型的商品与服务，从而对优化居民的消费结构起到了至关重要的作用。陈战波等（2021）进一步发现，与城镇居民相比，移动支付对于激发农村居民的消费潜力具有更为突出的效果，显著提高了他们在发展型和享受型消费上的支出占比。这些发现与邹新月等（2020）的观点一致，即数字普惠金融通过提升支付手段的便利性，进而推动居民消费升级，充分展现了支付中介效应的存在。

数字金融通过移动支付等创新支付方式的普及和应用，优化了支付环境，为消费者提供了更加便捷、高效的交易体验。这不仅满足了消费者对高品质生活的追求，更在推动消费结构由商品型向服务型转变的过程中发挥了关键作用，进一步证明了数字金融在促进居民消费升级中的重要作用。

4.3.3　降低流动性约束影响消费结构

数字金融对居民消费结构的影响，其中一个核心机制是通过降低流动性约束来实现的。信贷约束作为长期影响居民消费行为的关键因素，已被多项研究所证实。当消费者面临信贷约束，无法通过借贷来平滑消费时，他们往往会削减非必需品的支出（王巧巧　等，2018），这不仅限制了消费的多样性，也阻碍了消费结构的升级。更重要的是，信贷约束对消费者的跨期资金配置具有显著的影响，（李广子、王健，2017），信贷约束对不同类型消费压制程度不同，进而导致整体消费结构变得单一。数字金融的崛起为缓解这一问题提供了新的解决方案。数字金融能够有效地缓解居民的资金流动性压力，这一影响通过增强居民对信贷产品的获取能力、减轻对消费者的信贷和预算限制而实现（谢芸芸、田发，2019）。这种缓解作用不仅激发了更多的消费活动，而且更重要的是，它引导消费者在发展型和享受型商品上的支出比例有所提升，显著地体现了消费结构的优化升级（赵保国、盖念，2020）。

例如，信用卡和互联网消费信贷作为数字金融的代表，为消费者提供了更灵活的资金支持。信用卡的广泛普及已明确显示出其在日常性消费支出降低方面的作用，并推动经营性消费及耐用品消费的增长，进而优化了整体的消费结构（王巧巧　等，2018；李广子、王健，2017）。而互联网消费信贷，如花呗、京东白条等，以其广泛的覆盖范围和较低的门槛，进一步推动了消费结构的升级（谢芸芸、田发，2019；赵保国、盖念，2020）。

数字普惠金融利用大数据、区块链等先进技术，不仅延伸了金融服务的范围，还增加了金融产品的丰富度和个性化程度（邹新月 等，2020）。这使得原本被传统金融体系排斥在外的长尾客户群体也能获得必要的资金支持，提高了整体的资金流动性并降低了金融风险（刘湖、张家平，2016）。通过这些方式，数字普惠金融不仅直接促进了消费的增长，还间接推动了消费结构的优化升级（陈战波 等，2021）。

数字金融通过降低流动性约束，有效地促进了居民消费结构的升级。在这一过程中，信用卡、互联网消费信贷以及数字普惠金融的广泛应用都发挥了不可或缺的作用。

4.3.4 提高居民保障影响消费结构

数字金融在促进居民消费结构升级方面，其显著路径之一是通过增强居民保障水平来达成。其理论支撑源自预防性储蓄理论，预防性储蓄理论揭示了消费者在面对未来不确定性时，为了规避风险和确保未来消费水平而进行的储蓄行为。这种储蓄行为与收入不确定性紧密相关，当不确定性增加时，消费者更倾向于依据当期收入进行消费决策，并增加预防性储蓄以减少未来风险。这种预防性储蓄的增加会导致消费支出的降低，特别是在收入下降时，消费者会进一步增加储蓄以减少消费。这种保守的消费行为对消费结构产生了显著影响，特别是在高层次商品消费方面，消费者往往会削减支出，从而不利于消费结构的优化升级。

数字金融的崛起及其创新手段的应用，如数字金融保险等，为改善这一状况提供了可能。通过数字金融的广泛普及，消费者能够获得更全面、更有效的保障，进而降低未来收入的不确定性（何宗樾 等，2020）。这种保障水平的提升不仅有助于减少居民潜在的财产损失风险，还增强了他们的风险抵御能力，从而激发了更高的消费意愿。数字金融在提高居民保障方面发挥了两个层面的作用。在深层次上，数字金融通过降低居民面临的不确定性风险，提升了他们对高层次商品的消费需求。

数字金融还通过优化家庭资产投资组合来提高居民消费信心。研究表明，数字金融可以有效提升家庭资产投资组合的效能，使居民能够更为高效地分散或减小其投资风险（张娟、司秋利，2021）。这种风险管理策略的改进有助于进一步提升居民的消费信心，促使他们在各个消费领域增加支出，尤其是高层次消费领域。

通过提高居民保障水平，数字金融有效地推动了居民消费结构的升级。在这一过程中，数字普惠金融的广泛应用、家庭资产投资组合的优化以及居民消费信心的提升共同发挥了重要作用。这些发现不仅为理解数字金融与居民消费结构之间的关系提供了新的视角，也为相关政策制定和实践操作提供了有益的参考。

4.3.5 提升风险管控影响消费结构

数字金融在推动居民消费结构升级方面展现出显著效力，这一观点得到了多项研究的支持。其核心机制在于强化了居民的风险管控能力，进而影响他们的消费行为和消费结构。

对于金融机构而言，数字技术的引入和应用使得对庞大用户群体的数据进行深入分析和精细化利用变得切实可行。根据沈燕等（2023）的研究，数字金融通过先进的算法和模型，能够绘制出详尽且精准的客户"全息图谱"，从而提高了信用评估的准确性。这不仅大幅提高了信息采集的效率和部门间的信息共享水平，还为预判业务风险、把握市场脉动提供了有力支持。这种数据驱动的风险管理方式，正如陈银飞和邓雅慧（2021）所指出的，降低了金融机构的运营成本，同时确保了业务风险在可控范围内。

对于消费者来说，数字普惠金融的兴起为他们提供了更加多样化和便捷的风险管理工具及产品选择。安强身和白璐（2022）的研究表明，消费者现在能够通过数字化渠道轻松获取投资基金、证券、保险以及理财产品，并根据个人风险偏好进行灵活配置。这种普及和便捷获取不仅提升了消费者的风险抵御能力，还以简洁、高效的业务流程吸引了用户。进一步地，这种便捷性和低成本优势激发了消费者追求更高层次消费的信心和动力，从而推动了消费结构的升级。

数字金融通过增强居民的风险管控能力，有效地推动了居民消费结构的优化升级。金融机构在数字技术加持下实现了风险管理的精细化和智能化，而消费者则通过数字普惠金融获得了更多元化的风险管理工具。这两个层面的协同作用共同促进了居民消费结构的提升，与多项研究的结果相一致。

4.3.6 提升创新创业水平影响消费结构

数字金融在推动居民消费结构升级的过程中，发挥了提升社会创新创业水平的关键作用。这一机制从供给侧视角切入，通过两种路径深刻影响了消费结构的演变。

第一，数字金融显著促进了创新创业活动，进而优化了消费产品的供给结构。孙早和许薛璐（2018）的研究发现数字金融的发展为创新创业提供了便捷、高效的融资支持，降低了创业门槛，激发了市场主体的创新活力。这种创新活动推动了原始性技术的突破和要素配置效率的提升，导致新产品或服务的不断涌现。新产品或服务因其功能多样且实用，迅速受到消费者青睐，从而催生了新的消费热潮，进而推动了消费结构的升级。

第二，消费者不断增长的个性化、差异化、多样化和高端化的需求，通过数字金融孵化新型商业模式得到了充分满足。这一点与杨水根和王露（2018）的研究发现一致。在数字金融的赋能下，制造业和服务业企业得以将更多精力投向产品设计、定制服务、个性展现和品质提升。这种商业模式的创新不仅降低了交易成本，提高了市场效率，还为消费者带来了更加丰富、多元的消费选择。这种消费选择的增加促进了消费结构的优化和升级。

数字金融通过改善金融资源配置效率、缓解融资约束等方式，显著促进了创新创业的繁荣和发展，进而推动了居民消费结构的升级。在这一过程中，数字金融发挥了不可或缺的桥梁和催化作用。这些观点和研究结果为我们深入理解数字金融对消费结构的影响提供了重要参考，并指出了数字金融在推动经济高质量发展和优化消费结构中的重要作用。

5 数字金融发展对居民消费结构影响的实证分析

优化居民消费结构本质上涵盖两个方面：第一，在保持对传统商品消费稳定的基础上，实现产品质量的显著提升；第二，体现在消费结构的深度调整，其中消费需求逐渐向更高端层次演进，或是新兴消费需求的涌现引发消费品组合及其比例的重新配置。基于此，将居民消费结构界定为在特定时间跨度内，高品质商品（如发展型消费和享受型消费）在总体消费支出中所占的比重，如前文所述。因此，当居民的消费行为从基本生存需求向更高层次的发展需求转变，居民消费从单一的物质追求转变为追求服务体验的精神满足，并且各类消费支出在细节和层次上相较以往均实现稳定提升时，可以被视为居民消费结构正在发生积极的转变和优化。

依据前文的理论探讨与机制剖析、已有的文献研究成果、数字金融发展的自身特点，可知数字金融可能从多方面推动居民消费结构升级。从居民角度来看，数字金融可能通过增加居民财产收入、降低流动性约束、提高居民保障三个途径促进居民消费结构升级；从供给侧角度来看，数字金融可能通过刺激创新创业活动，影响产品供给，进而提升消费水平，并推动消费结构的优化升级。"数字金融发展—创业创新促进—有效产品供给增加—居民消费提升"这一传导机制得以充分体现。

本章基于 AIDS 模型所确定的各类消费品的消费弹性，将居民消费细分为较低层次与高层次两个维度，并以高层次消费在总消费中的占比作为衡量消费结构的关键指标（详见第 3.2 节）。为深入探究数字金融发展对居民消费结构的具体影响、作用机制及其异质性，本研究采用北京大学数字普惠金融指数作为数字金融发展水平的衡量标准。首先，针对研究问题，本章将详细阐述所选变量的合理性、数据来源的可靠性以及模型的适用性。其次，利用 2013 年至 2022 年的我国 31 个省（区、市）的面板数据，全面分析数字金融发展及其二级指标对居民消费结构的实际影响，并通过多种方法进行稳健性检验，以确保研究结果的准确性与可靠性。在分析影响机制时，本章不仅从消费者需求侧出发，还从消费产品供给侧的角度，综合探讨数字金融发展如何影响居民消费结构。最后，为更全面地揭示数字金融发展对居民消费结构的影响，本章将结合地区差异进行异质性分析，更全面地揭示数字金融发展与居民消费结构之间的内在联系与影响机理。

5.1　数据和模型设定

5.1.1　数据来源及变量说明

本章所采用的数据集涵盖了2013年至2022年我国31个省区市的省级面板数据。这些数据主要来源于多个权威机构发布的报告,具体包括:《北京大学数字普惠金融指数报告》,该报告提供了全面的数字金融发展指数;国家统计局编纂的《中国统计年鉴》及各省区市的统计年鉴,这些年鉴详细记录了各地区的经济社会发展数据;《中国互联网络发展状况统计报告》,该报告深入剖析了我国互联网发展状况;中国人民银行的《支付业务季报》和《中国区域金融运行报告》,这两份报告分别提供了支付业务及区域金融运行的详细数据;以及国家统计局发布的《中国地区投入产出表》,该表反映了各地区的投入产出关系。综合这些来源的数据,本章将以此为基础,进行全面的分析研究。

被解释变量选取居民消费结构,即高层次商品消费支出占总消费支出的比重来衡量居民消费结构(如第3.2节所述)。遵循恩格尔定律的原则,本章在稳健性检验环节中,选取非食品支出在总消费支出中的占比作为消费结构的代理变量。有关本章被解释变量的详细统计性描述,见表5.1。

表5.1　统计性描述结果

单位:人

变量	观测数	最大值	最小值	均值	标准误
消费结构	310	0.6086	0.2487	0.4748	0.0501
非食品支出比重	310	0.8112	0.5138	0.6945	0.0448

核心解释变量为数字金融的发展水平。虽然现有的研究文献已经对数字金融进行了深入的探讨和分析,但是在量化数字金融发展程度上,还未形成一个公认的标准。为了填补这一空白,北京大学数字金融研究中心的研究团队利用蚂蚁金服提供的数据,创建了"北京大学数字普惠金融指数"。近年来,这个指数已经被一些学者和文献用作实证分析,其有效性作为衡量我国数字金融发展的一个指标已经得到了充分的确认,数据价值也得到了广泛认可。本书选取北京大学数字普惠金融指数表示数字金融的发展水平指数。数字金融发展的二级指标,包括覆盖广度、使用深度和数字化程度,均呈现出快速的发展态势。其中,覆盖广度主要体现在账户覆盖

率上，这一指标衡量了数字金融在多大范围内能够为用户提供所需的服务，反映了其服务的普及程度。使用深度指数主要用于评价数字金融所包含的多样化金融服务如支付、货币基金、信贷、保险、投资和信用等业务的规模，它从多个角度揭示了数字金融服务的深度和范围。相对而言，数字化程度指数则侧重于量化评估数字金融的便捷性、经济性和易接触性，凸显了数字技术在提高金融服务效率和普及率方面的关键作用。从数字普惠金融发展指数的发展趋势来看，2013年全国省级数字金融发展指数的均值为155.349 4，2022年增长到379.439，年平均增长10.43%，说明我国数字金融水平发展迅速。

本书中的控制变量选取参考了郝祥如等人的研究成果，选取了人均可支配收入，人力资源发展水平，传统金融发展水平，公共财政在教育、医疗和社会保障方面的支出4个变量。

控制变量人均可支配收入的选取依据收入决定理论，该理论明确指出居民的消费水平在很大程度上取决于他们的收入水平。这是因为收入为消费者提供了消费的资金基础，决定了他们能够购买什么、购买多少以及购买的频率。收入的高低直接决定了居民消费能力的大小。而生命周期理论强调，居民会根据自己一生的预期收入来规划消费。这表示，居民在思考时会同时顾及目前的收入水平以及未来收入的发展动向，还有自己所处生命周期的具体阶段。故而，可支配收入成为影响居民消费行为的一个重要因素。

传统金融发展水平的选取是因为传统金融发展水平对居民消费的影响可能是深远且重要的。由前面的文献梳理中可知，随着金融体系的不断完善和金融服务的日益普及，金融机构通过提供储蓄、信贷等多样化金融服务，帮助居民更好地管理资金、规划未来，从而增强了他们的财务安全感。这使得在保障居民基本生活需求的同时，有更多资金可用于消费，有可能提升整体消费水平。

人力资源发展水平的选取是因为人力资源发展水平可能对居民消费结构产生影响。由前面的文献梳理中可知，随着劳动力素质的提高，居民收入水平相应增加，从而促使他们追求更高品质的生活。这不仅表现在对高品质商品和服务的消费增长上，如健康食品、高端家电和文化娱乐等，还体现在对新兴产业服务的青睐，如在线教育、远程医疗等。此外，人力资源发展还推动了城市化进程的加速，城市居民的消费习惯和生活方式发生变化，他们更加注重生活品质和文化消费，如增加对文化娱乐、旅游休闲等领域的投入等。这些变化共同推动了居民消费结构的优化升级，为经济的持续健康发展注入了新动力。

公共财政教育、医疗支出、政府社会保障支出，分别为各省地方财政一般预算支出中的教育支出、医疗支出和社会保障支出。由前面的文献梳理中可知，公共财政在教育、医疗以及政府社会保障支出方面的投入对居民消费有着深远的影响。教育是提高国民素质、促进社会进步的重要途径，而公共财政在教育领域的投入则直接关系到教育资源的分配和教育质量的提升。当政府增加公共财政教育支出时，学校和教育机构能够获得更多的资金支持，进而改善教学设施、提高师资水平，为居民提供更优质的教育服务。这不仅能够提升居民的教育水平，还有助于培养他们的消费观念和消费能力。医疗是保障居民健康、维护社会稳定的重要领域。公共财政在医疗领域的投入主要用于提高医疗服务水平、降低医疗费用等方面。当政府增加医疗支出时，医疗机构能够获得更多的资金支持，进而提升医疗服务质量、降低药品和检查等费用，减轻居民的医疗负担。这不仅能够保障居民的健康权益，还有助于释放他们的消费潜力。当居民在医疗方面的支出减少时，他们往往会有更多的资金用于其他领域的消费。社会保障是政府为居民提供的一种基本生活保障制度，旨在保障居民在年老、疾病、失业等情况下能够维持基本的生活水平。政府社会保障支出对居民消费的影响主要体现在两个方面：一方面，通过提供社会保障，政府能够降低居民在未来面临不确定性的风险预期，从而增强他们的消费信心；另一方面，社会保障制度还能够调节收入分配，缩小贫富差距，影响整体消费水平。因此，公共财政在教育、医疗以及政府社会保障支出方面的投入对居民消费具有较大的影响。

在消费者需求侧，本书选取人均可支配收入、人均保险费用收入和人均贷款余额为中介变量。而在产品供应侧，本书选取地区创业活跃度和创新水平为中介变量。其中，创业活跃度是通过计算新成立的私营企业数量与劳动力人口比例得出的，而创新水平则以研发新产品的经费投入为衡量标准。中介变量在整体机制中起到了不可或缺的作用。

各变量的统计性描述如表 5.2 所示。

表 5.2　变量的统计性描述

单位：人

变量名	样本量	最大值	最小值	平均值	标准差
居民消费结构 AIDS	310	0.609	0.249	0.475	0.05
居民非食品消费比重	310	0.811	0.514	0.694	0.045
数字金融指数	310	460.69	115.1	277.482	80.266
使用深度指数	310	510.69	107.29	266.377	88.084

续　表

变量名	样本量	最大值	最小值	平均值	标准差
覆盖广度指数	310	455.93	74.09	259.627	87.059
数字化程度指数	310	467.17	217.93	356.25	65.861
人均可支配收入（万元）	310	7.961	0.974	2.725	1.25
传统金融发展水平	310	2.998	0.743	1.595	0.457
本科毕业人数（万人）	310	34.301	0.482	12.517	7.459
政府教育、医疗、社会保障支出（亿元）	310	7090.75	220.41	2212.938	1379.025
人均贷款余额（万元）	310	44.789	2.456	10.31	7.364
人均保险收入（百元）	310	1.263	0.238	0.239	0.171
创新活跃度（每百人个数）	310	5.459	0.122	1.08	0.84
创新水平	310	51.595	0.001	4.958	7.603

5.1.2　模型设定

为了分析数字金融发展对居民消费结构的影响，本书采取了短面板固定效应模型，设定回归模型如下所示：

$$constr_{it} = \beta_0 + \beta_1 DF_{it} + \beta_2 X_{it} + \varphi_i + \theta_t + \varepsilon_{it} \tag{5.1}$$

$$constr_{it} = \beta_0 + \beta_1 DF_{it-1} + \beta_2 X_{it} + \varphi_i + \theta_t + \varepsilon_{it} \tag{5.2}$$

其中，模型（5.1）中 $constr$ 表示被解释变量居民的消费结构，模型中所有变量的下角标 i 和 t 分别表示省份和时间；DF_{it} 是本模型的核心解释变量，用数字金融发展指数来表示；X_{it} 为控制变量，选取可能影响居民消费结构的其他变量，具体选取见第5.1.1节；φ_i 表示省份的固定效应，与年份无关；θ_t 表示年份的固定效应，与省域无关；ε_{it} 表示随机扰动项。模型（5.2）表示在稳健性检验中将数字金融发展滞后一期，来消除反向因果关系带来的部分内生性问题。

5.2　数字金融发展对居民消费结构影响的实证分析

5.2.1　数字金融发展与居民消费结构：基准回归

本节以居民消费结构为解释变量对模型（5.1）进行估计，得到数字金融发展对居民消费结构的影响，回归结果见表5.3。模型（1）为数字金融发展对居民消费结构影响的回归结果；模型（2）为加入控制变量人均可支配收入后，数字金融对居民消费结构影响的回归结果；模型（3）为加入控制变量人均可支配收入、公共财政文化教育、医疗、社会保障支出后，数字金融对居民消费结构影响的回归结果；模型（4）为加入控制变量人均可支配收入、公共财政教育、医疗、社会保障支出、传统金融发展水平、人力资本后，数字金融发展对居民消费结构的影响。

表5.3　数字金融发展与居民消费结构：基准回归

因变量：居民消费结构	模型（1）	模型（2）	模型（3）	模型（4）
数字金融指数	0.000369*** (0.00014)	0.000250* (0.00013)	0.000269** (0.00013)	0.000239** (0.00013)
人均可支配收入		0.173*** (0.0316)	0.29*** (0.0326)	0.178*** (0.0340)
政府教育、医疗、社会保障支出			0.0606*** (0.0148)	0.0421*** (0.0152)
传统金融发展				−0.1146* (0.0064)
人力资本				−0.0551*** (0.01457)
省份固定效应	是	是	是	是
年份固定效应	是	是	是	是
obs.	310	310	310	310
R-squared	0.795	0.816	0.826	0.837

注："***"、"**"、"*"分别表示在1%、5%、10%的水平上显著，括号内为标准差。

由回归结果可知，数字金融指数对居民消费结构的影响全部为正，且均在10%的显著性水平下显著，说明数字金融能够显著促进居民消费结构升级。数字金融指数每增加1，居民消费结构将增加0.023 9个百分点。

人均可支配收入通常被视为推动居民消费结构升级的重要因素，回归结果显示，人均可支配收入在1%的显著性水平下促进了消费结构的升级。

需要注意的是，回归结果显示公共财政教育、医疗、社会保障支出对消费结构的影响均在1%的显著性水平下是显著的，且其对消费结构产生的是正向影响。可能的原因是，这些支出不仅直接改善了民生福祉，还可能通过多种方式促进了消费结构的优化和升级。首先，教育支出的增加提升了国民的整体素质和教育水平，进而增强了居民的消费能力和消费意愿。受过良好教育的居民往往拥有更高的收入水平和更广阔的就业空间，他们更愿意投资于自我提升和享受高品质生活，从而推动了对教育服务、文化娱乐等消费品的需求增长。其次，医疗支出的增加保障了居民的基本健康需求，减轻了因病致贫、因病返贫的风险。在医疗保障体系日益完善的背景下，居民对医疗服务的需求不再局限于基本的诊疗和药品，而是向更加个性化、高质量的医疗服务转变。这既促进了医疗健康产业的发展，也带动了相关消费品的增长。最后，社会保障支出的增加为居民提供了更加稳定的生活预期和安全感。在养老、失业、工伤等风险得到有效保障的情况下，居民的消费信心和消费意愿得到增强，他们更愿意将资金用于其他消费领域，如旅游、休闲、教育等。这不仅推动了消费结构的多样化，也促进了相关产业的繁荣和发展。因此，公共财政在教育、医疗和社会保障领域的支出对消费结构具有正向影响。通过提升居民的教育水平、保障基本健康需求和增强社会保障体系，这些支出促进了居民的消费能力和消费意愿的提升，推动了消费结构的优化和升级，与本书结论是一致的。

5.2.2　数字金融发展子指标对居民消费结构的影响

将核心解释变量变换为数字金融发展的二级指标，包括覆盖广度、使用深度及数字化程度，实证分析这些指标对居民消费结构的影响。回归结果如表5.4所示。

表5.4　数字金融发展二级指标与居民消费结构：子指标回归

因变量：消费结构	模型（1）	模型（2）	模型（3）
覆盖广度指数	0.000368** （0.00018）		
使用深度指数		0.000130* （0.000072）	
数字化程度指数			−0.000001 （0.00005）
控制变量	是	是	是
省份固定效应	是	是	是
年份固定效应	是	是	是
obs.	310	310	310
F	6.64	6.98	6.71
R-squared	0.837	0.836	0.9061

注："***"、"**"、"*"分别表示在1%、5%、10%的水平上显著，括号内为标准差。

可以看出，数字金融发展二级指标里的覆盖广度、使用深度的系数在1%的显著性均对居民消费结构产生显著影响，但是数字化程度对居民消费结构没有显著性影响。

覆盖广度的回归系数在5%的显著性水平下显著为正，说明覆盖广度可以正向促进居民消费结构的升级。覆盖广度指数每增加1，居民消费结构提升0.036个百分点。这可能是由于随着数字金融服务的广泛覆盖，越来越多的消费者能够便捷地享受到高效金融服务，从而有更多机会接触并管理多样化的金融产品和服务。这不仅为消费者提供了轻松管理财务的途径，还让他们能够接触到更多的投资和理财选择，如股票和基金等，进而增加财产性收入并提升消费水平。同时，数字金融的普及降低了服务门槛，让中低收入人群也能享受金融服务，提升他们的消费能力和信心。此外，随着覆盖广度的扩大，金融知识得到更广泛的传播，提高了消费者的金融素养，使他们更懂得如何规划消费和储蓄，进一步优化和升级消费结构。这种综合效应推动了居民消费结构的全面升级。

数字金融的使用深度的回归系数在10%的显著性水平下显著为正，说明使用深度可以正向促进居民消费结构的升级。使用深度指数每增加1，居民消费结构提升0.013个百分点。这可能是由于使用深度反映了支付、信贷、保险等的数字化使用程度，随着支付使用深度的增强，消费者能够享受到更多样化、便捷的支付方式，拓展了支付场景，从而增加了消费频率和选择。同时，信贷使用深度的提升使得消费者更容易获得资金支持，实现消费升级，购买更高品质的商品和服务。此外，投资使用深度的增加为消费者提供了更多元化的投资渠道和投资机会，促进了财富的增值和保值，进一步推动了消费结构的升级。最后，保险使用深度的提升为消费者提供了全面的风险保障，增强了消费信心，激发了消费潜力。因此，使用深度的提升可以通过改善金融服务的便利性、可获得性和多样性，有效促进了居民消费结构的升级。

回归结果显示数字金融的数字化程度不能对居民消费结构的升级产生显著影响。可能是以下原因造成的，首先，数字化金融服务的普及存在地域和群体差异，导致部分地区和群体难以充分享受数字化金融服务带来的便利，限制了其对居民消费结构升级的促进作用。其次，数字化金融服务的深度和个性化服务仍有待提升，目前的服务内容和质量可能无法满足消费者的多样化需求，从而降低了其对消费结构升级的贡献。再次，数字化金融服务面临的安全性和信任度问题也是影响其普及和应用的重要因素，消费者对数字化金融服务的担忧可能限制了其使用意愿和频率。最后，传统消费习惯和文化因素也可能对数字化金融服务的推广产生阻碍，导致部分消费者难以适应和接受新的金融服务模式。因此，为了充分发挥数字化金融服务在促进居民消费结构升级中的作用，需要综合考虑以上因素，并采取相应的措施加以解决。

5.2.3　数字金融发展与居民消费结构：稳健性检验

本节旨在深入探究数字金融的发展与居民消费结构升级之间的影响所得出的结论为稳健性。表5.5中，模型（1）、模型（2）为数字金融发展滞后一期固定效应实证结果。可以看到数字金融发展能显著改善居民消费结构。同时，本节以非食品消费支出占总支出的比重作为居民消费结构的代理变量作稳健性检验，结果如表5.5中模型（3）、模型（4）所示，可以看到，原本显著的核心解释变量依然在5%的显著性水平下显著为正，将数据截尾删除2013年和2022年的数据进行回归，结果如表5.5中的模型（5）、模型（6）所示。为了检验本研究结论的稳健性，还做了以下工作，在计量方法上，选取相对稳健标准误的面板固定效应模型，在数据上逐步加入控制变量，不影响回归结果的显著性。综上所述，数字金融发展能显著促进居民消费结构升级的结论稳健可靠。

表5.5　数字金融发展与居民消费结构：稳健性检验

因变量	模型（1）	模型（2）	模型（3）	模型（4）	模型（5）	模型（6）
消费结构	消费结构	消费结构	非食品支出比重		消费结构	消费结构
数字金融指数（滞后一期）	0.000297*** (0.000104)	0.000184* (0.000106)				
数字金融指数			0.000322** (0.000154)	0.000319** (0.000138)	0.000216** (0.000091)	0.000248** (0.000105)
控制变量	否	是	否	是	否	是
省份固定效应	是	是	是	是	是	是
年份固定效应	是	是	是	是	是	是
obs.	279	279	281	281	248	248
R-squared	0.916	0.936	0.840	0.861	0.927	0.944

注："***"、"**"、"*"分别表示在1%、5%、10%的水平上显著，括号内为标准差。

5.3　数字金融发展对居民消费结构的影响机制检验

在理论和机制分析中，本研究从消费者需求侧和产品供给侧两个角度，深入探究了数字金融发展如何影响居民消费结构。在消费者需求侧，本研究认为数字金融的发展能够通过多种途径促进居民消费结构的提升，例如提高居民收入水平、减少不确定性以及缓解流动性约束等。而在产品供给侧，数字金融的推动可能会通过激发地区创业精神、推动企业技术创新来增加消费品的供给、丰富产品种类并提升产品质量，从而进一步推动居民消费结构的优化。因此，为了全面理解数字金融对居民消费结构的影响，本研究将从消费者需求侧探讨地区居民收入状况、商业保险购买情况和信贷水平等因素，并从产品供给侧考察地区创业活跃度和创新能力等因素对居民消费结构升级的影响机制。

本节采用中介效应模型来检验该数字金融发展对居民消费结构的影响机制，具体模型如下：

$$constr_{it} = \alpha_0 + \alpha_1 DF_{it} + \alpha_2 X_{it} + \varphi_i + \theta_t + \varepsilon_{it} \tag{5.3}$$

$$M_{it} = \beta_0 + \beta_1 DF_{it} + \beta_2 X_{it} + \tau_i + \eta_t + \mu_{it} \tag{5.4}$$

$$constr_{it} = \gamma_0 + \gamma_1 DF_{it} + \gamma_2 M_{it} + \gamma_3 X_{it} + \nu_i + \kappa_t + \varpi_{it} \tag{5.5}$$

其中，下角标 i 和 t 分别表示省区市和时间，$constr_{it}$ 表示本书所研究的对象，即被解释变量居民消费结构；DF_{it} 表示核心解释变量数字金融发展指数；M_{it} 表示中介变量；X_{it} 表示可能影响居民消费结构的其他控制变量。采用三阶段法进行中介效应模型分析。第一阶段，估计模型（5.3），检验数字金融发展对居民消费结构的影响是否显著，控制变量中不包含中介变量；第二阶段，估计模型（5.4），检验数字金融发展对中介变量的影响是否显著；第三阶段，估计模型（5.5），检验数字金融发展和中介变量对居民消费结构的影响，验证影响机制是否成立。当 α_1、β_1 均显著的情况下，γ_1、γ_2 均显著，说明存在部分中介效应；γ_1 不显著，γ_2 显著的情况下，说明为完全中介效应；其他情况说明不存在该中介效应。以下机制检验均采取上述中介模型进行检验。

5.3.1 数字金融发展对居民消费结构的影响机制：从需求侧角度

5.3.1.1 提高居民收入水平

为验证数字金融发展能否通过提高居民收入促进居民消费结构的升级，本节以居民消费水平作为中介变量，进行中介效应分析。利用居民人均可支配收入表示居民消费水平的指标。具体的中介回归结果如表5.6所示。

表5.6 机制检验：居民收入水平

因变量	模型（1）	模型（2）	模型（3）
	消费结构	可支配收入	消费结构
数字金融指数	0.00070***	0.00069**	0.00026**
	（0.00010）	（0.00031）	（0.00013）
可支配收入			0.211***
			（0.0536）
控制变量	是	是	是
省份固定效应	否	否	否
年份固定效应	是	是	是
obs.	310	310	310
R-squared	0.888	0.993	0.907

注："***"、"**"、"*"分别表示在1%、5%、10%的水平上显著，括号内为标准差。

由表5.6中模型（2）可以看到，数字金融发展对人均可支配收入的回归系数在5%的显著性水平下显著为正，表示数字金融发展确实提高了居民的收入水平。模型（3）显示，数字金融发展和人均可支配收入的系数在5%的显著性水平下均显著为正，说明模型存在部分中介效应。数字金融发展可以通过提高居民收入来改善消费结构这一机制成立，说明数字金融发展能够增加居民可支配收入，并通过提高居民收入进而实现消费结构的升级。

5.3.1.2 缓解流动性约束

为验证数字金融发展能否通过环节流动性约束促进居民消费结构的升级，本节以人均信贷余额作为中介变量，进行中介效应分析。回归结果如表5.7所示。

表 5.7　机制检验：缓解流动性约束

因变量	模型（1）	模型（2）	模型（3）
	消费结构	消费信贷	消费结构
数字金融指数	0.00070***	0.12586***	0.00043***
	（0.00010）	（0.01772）	（0.00010）
信贷			0.00213***
			（0.00044）
控制变量	是	是	是
省份固定效应	否	否	否
年份固定效应	是	是	是
obs.	310	310	310
R-squared	0.888	0.823	0.686

注："***"、"**"、"*"分别表示在1%、5%、10%的水平上显著，括号内为标准差。

由表5.7中模型（2）可以看到，数字金融发展对信贷的回归系数在1%的显著性水平下显著为正，表示数字金融发展确实提高了居民消费信贷水平。且模型（3）中数字金融发展和人均信贷的系数均显著为正，这表示存在部分中介效应。数字金融发展通过促进信贷水平、缓解流动性约束，促进了居民消费结构升级。

5.3.1.3　降低不确定性

当居民面临未来期待值较低的不确定性时，如果能够增加消费信心，就更愿意把钱用到能够提高幸福感的体验式消费上，有可能促进消费结构的改善。人均保险收入的增加意味着居民在面临风险时有了更多的经济保障。这种保障能够降低居民生活中的不确定性，比如突发的医疗费用、意外事故等带来的经济压力。当居民感到自己的经济安全得到更多保障时，他们更有可能进行长期和大型的消费。同时由于保险提供了额外的经济保障，居民可能会减少预防性储蓄，从而将这部分资金用于消费或投资。因此，本节以人均保险收入来衡量居民面临的不确定性，并作为中介变量进行中介效应检验，回归结果如表5.8所示。

表 5.8　机制检验：降低不确定性

因变量	模型（1）	模型（2）	模型（3）
	消费结构	保险收入	消费结构
数字金融指数	0.00070***	0.00195***	0.00051***
	（0.00010）	（0.00051）	（0.00009）

续　表

因变量	模型（1）消费结构	模型（2）保险收入	模型（3）消费结构
保费收入			0.09722*** （0.0284）
控制变量	是	是	是
省份固定效应	否	否	否
年份固定效应	是	是	是
obs.	310	310	310
R-squared	0.669	0.700	0.700

注："***"、"**"、"*"分别表示在1%、5%、10%的水平上显著，括号内为标准差。

根据模型（2），数字金融发展的系数在1%的显著性水平下显著为正，表示数字金融发展确实提高了人均保险收入，提高了商业保险保障水平，降低了居民面临的不确定性。根据模型（3），数字金融发展和人均保险收入的系数在1%的显著性水平下均显著为正，这表示存在部分中介效应，数字金融发展既直接改善了居民消费结构，又通过降低居民面临的不确定性改善了居民消费结构。

可能的原因是人均保险收入的增加可以降低居民生活不确定性，居民生活的不确定性的降低可能通过提高消费信心、增强消费能力以及改变消费习惯等多个方面，积极地推动了居民消费结构的优化升级。人均保险收入的增加会显著提高居民的消费信心。由于获得了更多的经济保障，居民在进行消费时会感到更加安心和自信，从而更加愿意投资于高价值、高品质的商品和服务。这种由于保险收入增加而带来的消费信心的提升，成为推动消费结构向更高层次、更多元化方向发展的重要驱动力。同时，保险收入的增加也意味着居民可支配收入的实质性增长，进而有效提升了他们的消费能力。这使得居民有更多的财力去购买以前可能觉得负担较重的商品和服务，如奢华旅游体验、高端家用电器以及各类健康保健品等。居民消费能力的这种显著增强，直接促使消费结构发生升级转变。此外，随着人均保险收入的持续增加，居民的消费习惯也在潜移默化地发生改变。他们开始更加注重生活的品质和格调，积极追求健康、环保以及高品质的生活方式。这种消费习惯的改变，不仅表现在对更高端商品的购买欲望上，还体现在对服务质量和整体消费体验的更高追求上，从而有力地推动了整个消费结构的全面升级。

5.3.2　数字金融发展对居民消费结构的影响机制：从供给侧角度

创业是推动创新的重要力量，它通过引入新颖的理念、技术或商业模式，有效地促进了市场的创新活力。这种创新不仅局限于技术层面，更深入产品开发、服务提供乃至整个商业生态系统的构建中。创业活动所激发的创新，直接催生了一系列新产品和新服务的涌现，这些具有独特功能、优越体验、更高性价比的新产品和新服务的市场推广，不仅可以提升消费的数量，也有可能在潜移默化中引导消费结构的升级。创业促进创新，而创新又能够引领新产品和新服务的出现，这一系列连锁反应最终可能促进消费的全面升级，因此本节以地区创业活跃度和地区创新水平为中介变量，检验数字金融发展通过促进创业和创新来促进消费结构升级的机制。

在选取地区创业指标时，现有研究通常采用私营企业的发展情况作为衡量地区创业水平的标准。常用的衡量地区创业水平的指标包括私营企业就业人数占总就业人数的比例、私营企业数量与总人口的比例、新成立的私营企业数量与劳动力人口的比例。而《全球创业观察报告》推荐采用新成立的私营企业数与劳动力人口的比例作为衡量我国创业活跃度的标准，其中新企业数是指过去三年内新增的私营企业数量，而劳动力人口则定义为年龄在15岁至64岁的人群。该指标能更准确地反映地区的创业活力。本书利用《中国统计年鉴》的数据，经过处理后得到了这一指标，用于评估我国31个省（区、市）的创业活跃度。在选定地区创新活动的衡量指标时，现有研究普遍倾向于采用研发投入（R&D投入）、专利申请数量或专利授权数量等指标。鉴于本书聚焦于居民消费研究，与终端产品紧密相关，因此本书选择以新产品研发经费，即用于开发新产品的资金投入，作为代表地区创新水平的指标。

表5.9 显示了中介效应检验的回归结果。

表 5.9　机制检验：提高创业活跃度和创新水平

因变量	模型（1）	模型（2）	模型（3）	模型（4）	模型（5）	模型（6）
	消费结构	创业活跃度	消费结构	消费结构	创新水平	消费结构
数字金融指数	0.00070***	0.00931***	0.00057***	0.00070***	0.06080**	0.00074***
	(0.00010)	(0.00286)	(0.00012)	(0.00010)	(0.02535)	(0.00010)
创业活跃度			0.01430***			
			(0.00395)			
创新水平						−0.00062**
						(0.00031)
控制变量	是	是	是	是	是	是

续　表

因变量	模型（1）	模型（2）	模型（3）	模型（4）	模型（5）	模型（6）
	消费结构	创业活跃度	消费结构	消费结构	创新水平	消费结构
省份固定效应	否	否	否	否	否	否
年份固定效应	是	是	是	是	是	是
obs.	310	310	310	310	310	310
R-squared	0.669	0.756	0.681	0.669	0.514	0.893

注："***"、"**"、"*"分别表示在1%、5%、10%的水平上显著，括号内为标准差。

由表5.9的模型（2）看出，数字金融发展在1%的显著性水平下显著促进了地区创业活跃度的增加，模型（3）中数字金融发展和创业活跃度的系数均在1%的显著性水平下显著为正，这表示存在部分中介效应，数字金融发展既直接促进了居民消费结构的升级，又通过提高地区创业活跃程度促进了居民消费结构的升级，可能的原因是数字金融的发展通过改善创业环境、提供创业机会以及推动产品创新等方式间接促进了居民消费结构的升级。数字金融的发展可以改善传统金融的不足，减少金融排斥，使得欠发达地区也能获得方便快捷的金融服务。这降低了创业的金融门槛，提高了居民的创业意愿，特别是欠发达地区。数字金融能够经由加速服务业的发展，为居民提供更广泛的创业机会。随着创业活动的增加，地区经济活力得到提升，进而创造更多的就业机会和财富，间接促进了居民消费能力的提升和消费结构的升级。创业活动往往伴随着创新和新产品的开发。这些新产品和服务不仅满足了消费者日益多样化的需求，还通过提高产品质量和功能，进一步拉动了居民消费水平的提升和消费结构的优化。

由模型（5）可以看出，数字金融发展在1%的显著性水平下显著促进了地区创新水平的提升。模型（6）中数字金融发展和地区创新水平的系数均在1%的显著性水平下显著为正，这表示存在部分中介效应，说明数字金融发展既能直接促进居民消费结构的升级，又能通过提高地区的创新能力进而提升居民消费结构。这可能是由于首先数字金融发展为地区创新提供了强大的金融支持。通过数字技术，金融服务能够更广泛地覆盖各类企业和创新项目，降低融资成本，提高资金利用效率。这种金融支持有助于推动地区内的技术研发、产品创新和产业升级，从而提升整个地区的创新能力。其次，地区创新能力的提升意味着更多的新产品、新服务和新技术的涌现。这些创新成果不仅满足了消费者多样化的需求，还引领了消费潮流，推动了居民消费结构的升级。例如，随着智能手机的普及和移动互联网的发展，消费者开始更多地使用移动支付、在线购物等新型消费方式，这直接促进了居民消费结构的转变。再次，数字金融的发展还有助于优化产业结构，推动传统产业向高新技术产业转型。在这一过程中，数字金融为新兴产业提供了必要的资金支持，促进了产业链的升级和完善。产业结构的优化使得市场上高品质的产品与服务增多，进一步释放了消费潜力，提升了居民消费水平和消费结构。最后，数字金融的发展不仅提升了地区创新能力，还直接影响了居民消费行为。一方面，数字金融提供了便捷、安全的支付方式，改善了消费体验；另一方面，数字金融产品如消费信贷等也为居民消费提供了更多的可能性。这些因素共同作用，推动了居民消费结构的升级。

5.4　数字金融发展与居民消费结构：异质性分析

我国土地辽阔，人口稠密，地理与经济状况千差万别。这些差异加之民众收入和消费观念的多样性，导致了消费水平的显著差异。同时，各地在基础教育、交通及网络设施上的发展也各有千秋。因此，探讨数字金融如何对不同地区产生独特的消费影响，显得尤为重要。研究揭示，我国居民消费受人口集中现象影响显著，中部地区尤为明显，人口增长可推动消费率的提升。此外，人口集中对信息消费有跨地区和城乡的显著外溢效应（雷潇雨、龚六堂，2014；张裕东、姚海棠，2021）。同时，消费还表现出空间集聚特征，西部与上海等地分别成为低消费和高消费的集聚中心，显示了明显的地域消费差异（尹希果、孙惠，2011）。值得注意的是，东部传统金融服务业已相当成熟，能满足大多数人的金融需求，数字金融的兴起如同锦上添花。而中西部由于经济与地理条件的制约，传统金融服务渗透有限。数字金融的低成本、易接入特性为这些地区带来了普惠金融服务，起到了雪中送炭的作用。因此，数字金融对各地消费结构的影响呈现鲜明的差异性。

本节根据我国三大经济带的划分，研究数字金融发展对不同地区居民消费水平的影响，回归结果及滞后一期数字金融发展的稳健性检验结果如表5.10所示。

表 5.10　数字金融发展与居民消费结构：不同地区差异

因变量：消费结构	模型（1）	模型（2）	模型（3）	模型（4）	模型（5）	模型（6）
	东部	中部	西部	东部	中部	西部
数字金融指数	0.00004 （0.00025）	0.00054* （0.00029）	0.00020 （0.00035）			
数字金融指数 （滞后一期）				0.00008 （0.00019）	0.00039* （0.00021）	0.00031 （0.00060）
控制变量	是	是	是	是	是	是
省份固定效应	是	是	是	是	是	是
年份固定效应	是	是	是	是	是	是
obs.	110	100	100	112	82	116
R-squared	0.881	0.873	0.940	0.856	0.914	0.864

注："***"、"**"、"*"分别表示在1%、5%、10%的水平上显著，括号内为标准差。

从表5.10中可以看到，数字金融发展对不同经济带居民消费水平影响差异较大，数字金融发展对中部地区居民消费结构的影响最大，在10%的显著性水平下显著为正，其次是西部地区，最后是东部地区。这一结果可能产生的原因是中部地区经济发展水平适中，这一优势释放了原本因金融服务不足而受限的消费潜力、降低了金融服务的门槛，有力地促进了消费升级。东部地区传统金融服务已经相对完善，数字金融的边际效应可能不那么明显，且由于消费水平已经较高，消费升级的空间相对较小，数字金融对消费升级的推动作用也可能不那么显著。对于西部地区来说，经济发展相对滞后，消费水平较低，数字金融的推广和应用可能受到一定限制。西部地区的基础设施建设相对落后、居民消费观念相对保守，这些因素导致数字金融对居民消费升级的推动作用较为有限。

5.5　本章小结

本章在探讨居民消费升级内涵，基于前人AIDS模型结果的基础上，通过构建固定效应模型实证分析了数字金融发展对居民消费结构的影响。并从消费者需求侧和产品供给侧分析了数字金融发展对居民消费结构的影响机制，且进行了异质性分析。得到如下的主要研究结论。

第一，数字金融的发展能显著促进居民消费结构升级。在逐步加入控制变量的情况下，数字金融发展能够显著促进居民消费结构升级。同时数字金融发展二级指标覆盖广度、使用深度的系数均在10%的显著性水平下显著为正，即二者均能显著促进居民消费结构升级；数字化程度对居民消费结构的升级影响不显著。采用核心解释变量滞后一期进行回归，同时以非食品支出作为居民消费结构的替代变量进行了回归，发现核心解释变量的系数均显著，即数字金融发展促进居民消费结构升级结论稳健。

第二，数字金融发展促进居民消费结构升级的作用机制。从消费者需求侧来看，数字金融发展能够通过提高居民收入来促进居民消费的结构升级；数字金融发展能通过缓解流动性约束改善居民消费结构；数字金融发展能通过降低不确定性改善居民消费结构；从产品供给侧来看，数字金融发展能够通过提高地区创新水平，通过提高地区创新活跃度促进消费结构升级。

第三，数字金融发展对居民消费结构的改善作用存在异质性。数字金融发展对中部地区居民消费结构的影响在10%的显著性水平下显著为正，对东部和西部地区的居民消费结构的影响不显著。

6　结论及建议

6.1　研究结论

本书从多个视角理论分析和实证检验了数字金融发展对居民消费结构的影响。从消费者需求侧和产品供给侧分析了数字金融发展影响居民结构的理论机制，即数字金融发展可通过提高居民收入水平、缓解居民流动性约束、降低不确定性以及促进创业创新等促进消费结构升级。在理论机制分析的基础上，实证检验了数字金融发展对居民消费结构的影响，并进行稳健性检验、机制检验以及异质性分析。具体结论如下：

1.数字金融的发展能显著促进居民消费结构升级

在逐步加入控制变量的情况下，数字金融发展能够显著促进居民消费结构升级。同时数字金融发展二级指标覆盖广度、使用深度的系数均在10%的显著性水平下显著为正，即二者均能显著促进居民消费结构升级；数字化程度对居民消费结构的影响不显著。采用核心解释变量滞后一期进行回归，同时以非食品支出作为居民消费结构的替代变量进行了回归，发现核心解释变量的系数均显著，即数字金融发展促进居民消费结构升级结论稳健。

2.数字金融发展促进居民消费结构升级的作用机制

从消费者需求侧来看，首先，数字金融发展能够通过提高居民收入来促进居民消费的结构升级。可能的原因是，第一，数字金融的发展可以为消费者提供更多的金融服务，数字金融通过互联网技术，使得金融服务能够覆盖更广泛的地区和人群。例如，网络借贷、移动支付、电子钱包等新兴金融服务，为居民提供了更多投资和理财的机会。这些服务降低了金融服务的门槛，使得更多人能够享受到金融发展带来的红利，从而增加收入。第二，数字金融的发展降低了交易成本，传统金融服务中，由于信息不对称和中介成本，金融服务往往价格高昂。而数字金融通过去中介化，降低了交易成本，使得居民在进行金融交易时能够节省更多资金，间接提高了可支配收入。第三，数字金融的发展提升了金融服务的便捷性，例如移动支付、在线投资等数字金融服务为居民提供了极大的便利。这种便捷性不仅节省了居民的时间和精力，还使得他们能够更加灵活地管理自己的财务。这种灵活性和便捷性有助于居民更好地把握投资机会，从而增加收入。第四，数字金融发展还可能增强居民金融素养，数字金融的普及也在一定程度上提升了居民的金融素养。通过互联网平台，居民可以更方便地获取金融知识和信息，做出更明智的财务决策。这种知识的提升有助于居民更好地管理个人财务，提高收入水平。第五，数字金融的发展在一定程度上促进创新和创业，数字金融为小微企业和创新型企业提供了更多的融资渠道。这不仅促进了经济的创新和活力，还为居民提供了更多的就业机会和收入来源。当居民收入增加时，他们更有可能进行高质量的消费，从而实现消费结构的升级。第六，数字金融的发展在一定程度上提升了消费信心，随着数字金融的发展，消费者对于金融市场的信任度也会提高。这种信任度的提升可以增强消费者的消费信心，使他们更愿意进行大额消费或高质量消费，从而改善消费结构。

其次，数字金融发展能通过缓解流动性约束改善居民消费结构。可能的原因是，第一，数字金融的发展可以提高信贷产品的可获得性，数字金融通过互联网技术，使得消费者能够更方便地获取信贷产品。例如，借助大数据和人工智能技术，金融机构可以更准确地评估消费者的信用状况，从而为他们提供更个性化的信贷服务。这种提高信贷产品的可获得性，使得消费者在面临流动性约束时，能够更容易地通过借贷来平滑消费，进而改善消费结构。第二，数字金融发展可以降低信贷成本，通过互联网平台，金融机构能够以更低的成本向消费者提供信贷服务，从而降低了消费者的借贷成本。这使得消费者在面临流动性约束时，能够以更低的成本通过借贷来满足消费需求，进一步促进了消费结构的改善。第三，数字金融的发展能够提供更加便利的支付手段，如移动支付、电子钱包等。这些支付手段的普及，使得消费者能够更轻松地管理个人财务，同时也降低了现金携带和交易的成本。这种支付手段的便利性，有助于消费者在面临流动性约束时，更灵活地调整消费计划，从而优化消费结构。

最后，数字金融发展能通过降低不确定性改善居民消费结构。可能的原因是，第一，数字金融发展增强了金融信息的透明度，数字金融借助大数据、云计算等先进技术，能够提供更加及时、准确、全面的市场信息，帮助消费者更好地了解市场动态和产品信息。这种信息透明度的提升，有助于消费者减少因信息不对称而产生的不确定性，使他们能够更明智地做出消费决策，进而优化消费结构。第二，数字金融的发展能够为消费者提供多元化金融产品和服务，数字金融的发展推动了金融产品和服务的创新，为消费者提供了更多元化的选择。例如，网络借贷、移动支付、智能投顾等新兴服务，不仅降低了金融服务的门槛，还满足了消费者多样化的金融需求。这些多元化的金融产品和服务，使得消费者能够更灵活地规划个人财务，减少未来收入与支出的不确定性，从而改善消费结构。第三，数字金融能够为消费者提供更加精准的金融风险管理与个性化服务，数字金融利用大数据和人工智能技术，能够更精确地评估消费者的风险偏好和需求，为他们提供更加个性化的金融服务。同时，通过智能化的风险管理工具，如智能风控系统，数字金融能够有效地降低消费者的金融风险。这种个性化的服务和风险管理，有助于消费者更好地应对不确定性，进而优化他们的消费结构。

从产品供给侧来看，数字金融发展能够通过提高地区创新水平和创新活跃度促进消费结构升级。这可能是由于，首先，数字金融的发展为地区创新提供了强大的金融支持。通过数字技术，金融服务能够更广泛地覆盖各类企业和创新项目，降低融资成本，提高资金利用效率。这种金融支持有助于推动地区内的技术研发、产品创新和产业升级，从而提升整个地区的创新能力。其次，地区创新能力的提升意味着更多的新产品、新服务和新技术的涌现。这些创新成果不仅满足了消费者多样化的需求，还引领了消费潮流，推动了居民消费结构的升级。例如，随着智能手机的普及和移动互联网的发展，消费者开始更多地使用移动支付、在线购物等新型消费方式，这直接促进了居民消费结构的转变。再次，数字金融的发展还有助于优化产业结构，推动传统产业向高新技术产业转型。在这一过程中，数字金融为新兴产业提供了必要的资金支持，促进了产业链的升级和完善。产业结构的优化使得市场上高品质的产品与服务增多，进一步释放了消费潜力，提升了居民消费水平和消费结构。最后，数字金融的发展不仅提升了地区创新能力，还直接影响了居民消费行为。一方面，数字金融提供了便捷、安全的支付方式，改善了消费体验；另一方面，数字金融产品如消费信贷等也为居民消费提供了更多的可能性。这些因素共同作用，推动了居民消费结构的升级。

3.数字金融发展对居民消费结构的改善作用存在异质性

数字金融发展对中部地区的居民消费结构的影响在10%的显著性水平下显著为正，对东部和西部地区居民消费结构的影响不显著。造成这一结果的原因可能是中部地区的经济发展水平适中，既不像东部地区那样高度发达，也不像西部地区那样相对落后。这使得数字金融在中部地区有更大的发展空间和影响力。中部地区在数字金融的推动下，原本受到金融服务不足而限制的消费潜力得到释放。数字金融的普及降低了金融服务的门槛，使得更多居民能够享受到便捷的金融服务，进而促进了消费升级。加之中部地区的人口规模和消费结构可能更适合数字金融的发展。随着数字金融的普及，中部地区居民的消费观念和习惯逐渐改变，推动了消费升级。而东部地区传统金融服务已经相对完善、覆盖面广，因此数字金融的边际效应可能不那么明显。另外，东部地区本身的消费水平就较高，消费升级的空间相对较小，因此数字金融对消费升级的推动作用可能不那么显著。另一方面东部地区金融市场竞争激烈，各类金融机构众多，数字金融可能只是众多金融服务方式中的一种，其影响力相对分散。而西部地区经济发展相对滞后，消费水平较低，数字金融的推广和应用可能受到一定限制。西部地区的基础设施建设相对落后，包括互联网和移动网络的覆盖不如东部地区完善，这可能制约了数字金融的发展。西部地区的消费观念相对保守，对新兴的数字金融接受程度有限，从而影响数字金融对消费升级的推动作用。

6.2　政策建议

本书通过深入的理论探讨与实证分析表明居民消费结构的优化和提升得益于数字金融的显著发展，后者对其产生了积极的推动作用。其影响机制涉及提高居民收入、减轻资金流动性压力、减少市场不确定性以及激发创业创新活力等多个方面。这些研究发现对于提升消费在经济增长中的贡献率具有重要的政策引导价值。基于此，本书提出如下政策建议。

1.聚焦数字金融进步，保障稳健发展步伐

首先，关于数字金融的发展，政府应给予高度的重视，并确立其作为国家发展战略的重要地位。数字金融不仅有助于推动经济的转型升级，还能优化金融服务，并显著提升金融效率。为实现其健康、可持续的发展，政府需制定相关政策与规划，确保数字金融融入国家整体发展规划之中。其次，在推动数字金融发展的过程中，顶层设计和政策引导的作用不可忽视。政府应确立数字金融的中长期发展规划，并明确具体的发展目标、关键任务和必要的保障措施。同时，政府还需出台相关政策，鼓励金融机构积极进行数字化转型，推动金融科技的创新应用，以此提升金融服务的普及程度和使用的便捷性。此外，加强数字金融基础设施建设也至关重要。政府应增加对支付清算、征信体系、数据安全等基础设施的投资，从而提升数字金融的服务能力和水平，确保金融服务的效率和安全性。

2.挖掘数字创新潜力，高效响应消费升级

首先，加强数字金融技术创新与应用，鼓励金融科技创新，政府应设立专项基金，支持金融机构和科技公司在数字金融领域的技术研发，如大数据分析、人工智能、区块链等，满足居民个性化的金融服务，刺激居民的购买力，释放消费活力。其次，大力推广数字金融产品，通过政策引导和市场推广，鼓励金融机构开发更多符合消费者需求的数字金融产品，如移动支付、智能投顾、线上保险等，为消费者提供更多选择和便利。最后，促进数字金融与实体经济深度融合，支持产业数字化转型，通过政策扶持和财政补贴等方式，引导和支持传统产业进行数字化转型，提高产业链的数字化水平，为数字金融提供更广阔的应用场景。

3.普及数字金融知识，提升消费者金融素养

第一，建立多维度的宣传教育体系，利用多渠道进行宣传：通过社交媒体、电视、广播、报纸等多元化媒体渠道，广泛宣传数字金融知识，提高公众对数字金融的认知度；开展金融知识普及活动：定期组织金融知识讲座、研讨会等活动，邀请金融专家为消费者讲解数字金融的相关知识和风险。第二，加强学校教育中的金融知识普及，纳入国民教育体系，将金融知识，特别是数字金融相关内容，纳入中小学及高等教育的课程体系中，从小培养学生的金融意识和能力。建立金融教育基地：在高校、职业学校等设立金融教育基地，提供专业的金融课程和实践机会，增强学生的金融实践能力。第三，针对重点人群进行精准教育，关注弱势群体，针对农村居民、老年人、残疾人等数字金融知识相对匮乏的群体，开展专项金融教育活动，提高他们的金融素养和风险防范能力。强化投资者教育，对于投资者和潜在投资者，提供专门的投资知识和风险教育，帮助他们做出明智的投资决策。第四，加强金融消费者权益保护，完善消费者权益保护机制。建立健全金融消费者权益保护法律法规，设立专门的投诉渠道，及时处理消费者的投诉和纠纷。提高消费者自我保护意识，通过宣传教育，提高消费者对自身权益的认知和保护意识，防范金融诈骗和非法金融活动。第五，利用数字化手段创新宣教模式，可以利用社交媒体平台，在微信、微博等社交媒体平台发布金融知识、产品介绍等内容，并与用户进行互动交流，提升宣传效果。也可以通过大数据分析用户喜好，通过大数据分析用户需求和偏好，个性化推送金融知识和服务信息，实现精准宣教。开设在线课堂或直播，利用在线课堂或直播平台进行金融知识讲解和产品介绍，为用户提供便捷的学习途径。进而全面提升消费者的金融素养，推动数字金融的健康发展。

4.构建数字监管体系，有效预防金融风险

数字金融能够通过提升透明度、效率和服务普惠性，同时为监管机构赋能，从而加强金融市场的稳定。数字金融的迅猛发展对现有监管框架提出了新的挑战，这就亟须对既有监管体系进行全面革新，明确市场规范，并建立对数字金融领域的全面监管，以确保金融市场的稳健发展。

因此建议，首先，政府应该明确监管目标和原则，保护消费者权益，监管框架的首要目标是保护消费者的合法权益，确保消费者在数字金融交易中的安全。促进市场公平竞争，通过监管，维护数字金融市场的公平竞争环境，防止不正当竞争行为。其次，利用科技手段提升监管效能，建立智能监控系统，运用大数据、人工智能等技术，实时监测数字金融市场的交易行为，及时发现异常交易和潜在风险。开发风险预警系统，基于数据分析，建立风险预警模型，对可能出现的风险事件进行提前预警。再次，加强消费者权益保护，完善消费者投诉处理机制，设立专门的消费者投诉渠道，快速响应和处理消费者的投诉和纠纷。加强消费者教育，通过多种渠道开展消费者教育，提高消费者对数字金融产品的了解和风险防范意识。从次，规范数字金融机构行为，严格市场准入，对新进入市场的数字金融机构进行严格审查，确保其具备合规经营的条件和能力。定期审查和评估，对已运营的数字金融机构进行定期审查和风险评估，确保其业务持续合规。最后，建立有效的处罚和退出机制，严厉打击违法行为，对违法违规的数字金融机构进行严厉处罚，包括罚款、吊销执照等措施。完善市场退出机制，对于经营不善或存在严重违规行为的数字金融机构，应建立有序的市场退出机制，防止风险扩散。通过建立上述完善的数字金融监管框架，有效预防风险事件，保护消费者权益，促进数字金融市场的健康发展，进而推动居民消费领域的持续增长。

5.深化国际交流互动，推动金融持续发展

第一，加强国际合作，优化消费金融服务，通过国际合作，引进先进的消费金融理念和技术，提升我国消费金融服务的质量和效率，为消费者提供更多元化、便捷的金融产品。第二，推动国际标准在消费金融中的应用，借鉴国际消费金融的最佳实践，结合我国实际情况，推动相关国际标准的国内应用，保障消费者权益，提升消费金融市场的透明度。第三，加强消费金融人才培养，通过国际交流与合作，培养具备国际视野的消费金融专业人才，提升行业整体的服务水平和创新能力。第

四，建立消费金融信息共享机制，在确保个人信息安全的前提下，推动消费金融数据信息的国际共享，为风险评估和信贷决策提供更全面的数据支持。第五，推动消费金融监管的国际协调，加强与国际消费金融监管机构的沟通与合作，共同应对消费金融市场的新挑战，保护消费者权益。这些政策建议旨在通过深化国际交流合作，推动我国消费金融市场的规范化、创新化和可持续发展，从而更好地满足居民日益增长的消费需求，进而为我国经济增长做出贡献。

参考文献

[1] SLOZKO O, PELO A. Problems and risks of digital technologies introduction into e-payments[J]. Transformations in Business and Economics, 2015, 14(1): 225-235.

[2] 高苑. 互联网金融背景下商业银行金融创新[J]. 财会通讯, 2019(23): 15-19.

[3] PREMCHAND A, CHOUDHRY A. Future of Payments-ePayments[J]. Int. J. Emerg. Technol. Adv. Eng. 2015, 5: 110-115.

[4] ANKIT S. Factors influencing online banking customer satisfaction and their importance in improving overall retention levels: an indian banking perspective. Inf. Knowl. Manag[J]. 2011, 1: 45-54.

[5] MA Y. Number of mobile payment users in China from 2013 to 2020. [EB/OL]. https://www.statista.com/statistics/ 278487/number-of-mobile-payment-users-in-china/.

[6] HUANG Y, WANG X. Mobile payment in China: Practice and its effects[J]. Asian Economic Papers, 2020, 19(3): 1-18.

[7] BODEN J, MAIER E, WILKEN R. The effect of credit card versus mobile payment on convenience and consumers' willingness to pay [J]. Journal of Retailing and Consumer Services, 2020, 52(9).

[8] LIU G S, TAI P T. A study of factors affecting the intention to use mobile payment services in Vietnam[J]. Econ. World 4, 2016: 249-273.

[9] SCHIERZ P G, SCHILKE O, WIRTZ B W. Understanding consumer acceptance of mobile payment services: An empirical analysis[J]. Electron. Commer. Res. Appl. 2016, 9: 209-216.

[10] TAYLOR E. Mobile payment technologies in retail: a review of potential benefits and risks[J]. Int. J. Retail Distrib. Manage, 2016.

[11] YANG H, YU J, ZO H, et al. User acceptance of wearable devices: An extended perspective of perceived value[J]. Telemat. Informatics, 2016, 33: 256-269.

[12] HERNANDEZ-ORTEGA B, ALDAS-MANZANO J, RUIZ-MAFE C, et al. Perceived value of advanced mobile messaging services: A cross-culturalcomparison

of Greek and Spanish users[J]. Inf. Technol. People，2017.

[13] ZHONG J, NIEMINEN M. Resource-based co-innovation through platform ecosystem：experiences of mobile payment innovation in China [J]. J. Strateg. Manag, 2020.

[14] HANCOCK D, HUMPHREY D B, WILCOX J A. Cost reductions in electronic payments：The roles of consolidation, economies of scale and technical change[J]. Journal of Banking & Finance, 2017, 23（2-4）：391-421.

[15] MARTIKAINEN E, SCHMIEDEL H, TAKALO T. Convergence of European retail payments[J]. Journal of Banking and Finance, 2015, 50：81-91.

[16] HUMPHREY D B, PULLEY L B, VESALA J M. Cash, paper, and electronic payments：A cross-country analysis. Journal of Money[J]. Credit and Banking, 1996, 28（4）：914-939.

[17] HUSTON S J. Financial literacy and the cost of borrowing[J]. International Journal of Consumer Studies, 2014, 36（5）：566-572.

[18] JACK W, SURI T. Risk sharing and transactions costs：Evidence from Kenya's mobile money revolution[J]. American Economic Review, 2014, 104（1）：183–223.

[19] CUSHING M J. Liquidity constraints and aggregate consumption behavior[J]. Economic Inquiry, 1992, 30（1）：134–153.

[20] LANGEMEIER M R, PATRICK G F. Farm consumption and liquidity constraints[J]. American Journal of Agricultural Economics, 1993, 75（2）：479-484.

[21] FUNGÁČOVÁ Z, WEILL L. Understanding financial inclusion in China[J]. China Economic Review, 2015, 34：196-206.

[22] LI R, LI Q, HUANG S, et al. The credit rationing of Chinese rural households and its welfare loss：An investigation based on panel data[J]. China Economic Review, 2013, 26：17-27.

[23] YEUNG G, HE C, ZHANG P. Rural banking in China：Geographically accessible but still financially excluded [J] Regional Studies, 2017, 51（2）：297-312.

[24] DÉMURGER S, FOURNIER M. Poverty and firewood consumption：A case study of rural households in northern China[J]. China Economic Review, 2011, 22（4）：512-523.

[25] RAVALLION M. Geographic poverty traps? A micro model of consumption growth

in rural China[J]. Journal of Applied Econometrics, 2002, 17(4): 329-346.

[26] JAPPELLI T, PAGANO M. Saving, growth, and liquidity constraints[J]. Quarterly Journal of Economics, 1994, 109(1): 83–109.

[27] LAI J T, YAN I K M, YI X J, et al. Digital financial inclusion and consumption smoothing in China[J]. China & World Economy, 2020, 28(1): 64-93.

[28] BECK T, PAMUK H, RAMRATTAN R, et al. Payment instruments, finance and development[J]. Journal of Development Economics, 2018, 133: 162-186.

[29] WANG X. Mobile payment and informal business: Evidence from China's household panel data[J]. China & World Economy, 2020, 28(3): 90–115.

[30] THALER R. Toward a positive theory of consumer choice[J]. Journal of Economic Behavior & Organization, 1980, 1(1): 39-60.

[31] PRELEC D, LOEWENSTEIN G. The red and the black: Mental accounting of savings and debt[J]. Marketing Science, 1998, 17(1): 4-28.

[32] RAGHUBIR P, SRIVASTAVA J. Monopoly money: The effect of payment coupling and form on spending behavior[J]. Journal of Experimental Psychology: Applied, 2008, 14(3): 213–255.

[33] FEINBERG R A. Credit cards as spending facilitating stimuli: A conditioning interpretation[J]. Journal of Consumer Research, 1986, 13(3): 348–356.

[34] SOMAN D. Effects of payment mechanism on spending behavior: The role of rehearsal and immediacy of payments[J]. Journal of Consumer Research, 2001, 27(4): 460-474.

[35] BALLOCH A, NICOLAE A, PHILIP D. Stock market literacy, trust, and participation[J]. Review of Finance, 2015, 19(5): 1925-1963.

[36] KLAPPER L, LUSARDI A, PANOS G A. Financial literacy and its consequences: Evidence from Russia during the financial crisis[J]. Journal of Banking & Finance, 2013, 37(10): 3904-3923.

[37] LUSARDI A, MICHAUD P C, MITCHELL O S. Optimal financial knowledge and wealth inequality[J]. Journal of Political Economy, 2017, 125(2): 431-477.

[38] VAN ROOIJ M C, LUSARDI A, ALESSIE R J. Financial literacy, retirement planning and household wealth[J]. Economic Journal, 2012, 122(560): 449-478.

[39] DINKOVA M, KALWIJ A S, ALESSIE R. Know more, spend more: The impact of

financial literacy on household consumption[J]. Use Working Paper Series，2019，14-19.

[40] LUSARDI A，MITCHELL O S. The economic importance of financial literacy：Theory and evidence[J]. Journal of Economic Literature，2014，52（1）：5-44.

[41] STANGO V，ZINMAN J. Exponential growth bias and household finance[J]. Journal of Finance，2009，64（6）：2807-2849.

[42] ZHANG Y，JIA Q，CHEN C. Risk attitude，financial literacy and household consumption：Evidence from stock market crash in China[J]. Economic Modelling，2021，94：995-1006.

[43] LÜHRMANN M，SERRA-GARCIA M，WINTER J. The impact of financial education on adolescents' intertemporal choices[J]. American Economic Journal：Economic Policy，2018，10（3）：309-332.

[44] LI J，WU Y，XIAO J J. The impact of digital finance on household consumption：Evidence from China[J]. Economic Modelling，2020，86：317-326.

[45] OZILI，P. K. Impact of digital finance on financial inclusion and stability[J]. Borsa Istanbul Review，2018，18（4）：329-340.

[46] SONG Q，LI J，WU Y，et al. Accessibility of financial services and household consumption in China：Evidence from micro data[J]. North American Journal of Economics and Finance，2020，53，Article 101213.

[47] INSIDER INTELLIGENCE. Digital Payment Industry in 2021：Payment Methods，Trends，and Tech Processing Payments Electronically[EB/OL]. https：//www. insiderintelligence. Com /insights /digital-payment-services/（accessed on 8 November 2022）.

[48] DIMITROVA I，ÖHMAN P，YAZDANFAR D. Challenges in the Limited Choice of Payment Methods in Terms of Cashless Society：Bank Customers' Perspective（work in progress）[C]//In Proceedings of the 2019 3rd International Conference on E-Commerce，E-Business and E-Government，Lyon，France，18–21 June 2019：45–48.

[49] PIZZOL M，VIGHI E，SACCHI R. Challenges in coupling digital payments data and input-output data to change consumption patterns[J]. Procedia CIRP，2018，69：633-637.

[50] RAVIKUMAR T，SURESHA B，SRIRAM M. et al. Impact of digital payments on

economic growth: Evidence from India. Int. J. Innov[J]. Technol. Explor. Eng. 2019, 8: 553-557.

[51] DEVRIES P D. An analysis of cryptocurrency, Bitcoin, and the future[J]. Int. J. Bus. Manag. Commer, 2016, 1: 1-9.

[52] 冯文芳, 申风平. 区块链: 对传统金融的颠覆[J]. 甘肃社会科学, 2017(5): 239-244.

[53] 蔡制宏. 数字货币发展状况、可能影响及监管进展[J]. 金融发展评论, 2015(3): 133-138.

[54] MERTON R C. Solving global challenges using finance science: Past and future[C]. Proceedings of the China International Conference in Finance, Tianjin, China, 2018.

[55] CHEN M A, WU Q, YANG B. How valuable is fintech innovation[J]. The Review of Financial Studies, 2019, 32(5): 2062-2106.

[56] 徐忠, 汤莹玮, 林雪. 央行数字货币理论探讨[J]. 中国金融, 2016(17): 33-34.

[57] 张伟, 董伟, 张丰麒. 中央银行数字货币对支付、货币政策和金融稳定的影响[J]. 上海金融, 2019(1): 59-63, 77.

[58] BORDO M D, LEVIN A T. Central Bank Digital Currency and the Future of Monetary policy[R]. NBER Working Paper, 2017.

[59] 王诗卉, 谢绚丽. 经济压力还是社会压力: 数字金融发展与商业银行数字化创新[J]. 经济学家, 2021(1): 100-108.

[60] 盛天翔, 范从来. 金融科技、最优银行业市场结构与小微企业信贷供给[J]. 金融研究, 2020(6): 114-132.

[61] 陈永良, 凌爱凡, 数字金融对银行信贷的影响: 来自我国 1326 家商业银行地级市分行数据的经验证据[J], 管理评论, 2023, 35(2): 52-69.

[62] OWEN A, FOGELSTROM C. Monetary policy implications of electronic currency: an Empirical Analysis[J]. Applied Economics Letters, 2005, 12(7): 419-423.

[63] 战明华, 张成瑞, 沈娟. 互联网金融发展与货币政策的银行信贷渠道传导[J]. 经济研究, 2018, 53(4).

[64] 胡金焱, 水兵兵. 货币政策对互联网金融借贷利率的作用机制与实施效果: 以 P2P 为例[J]. 山东社会科学, 2019(6).

[65] 贾丽平, 张晶, 贺之瑶. 电子货币影响货币政策有效性的内在机理: 基于第三方

支付视角[J]. 国际金融研究, 2019(9).

[66] CHEN K, J REN, T ZHA. The nexus of monetary policy and shadow banking in China [J]. American Economic Review, 2018, 108(12).

[67] 战明华, 汤颜菲, 李帅. 数字金融发展、渠道效应差异和货币政策传导效果[J]. 经济研究, 2020, 55(6).

[68] 何剑, 魏涛, 刘炳荣. 数字金融、银行信贷渠道与货币政策传导[J], 金融发展研究研究, 2021, 2.

[69] 杨慧鑫, 王伟. "信易贷"的运行逻辑与制度构建：基于信息和信用机制的视角[J]. 宏观经济管理, 2022(4)：61-69.

[70] DJANKOV S, MCLIESH C, SHLEIFE R A. Private credit in 129 countries[J]. Journal of Financial Economics, 2007, 2: 299-329.

[71] 龙海明, 王志鹏. 征信系统、法律权利保护与银行信贷[J]. 金融研究, 2017(2)：117-130.

[72] 中国人民银行研究局课题组. 完善中小微企业融资制度问题研究［EB/OL］. (2021-03-29)［2023-01-08］. http://www.pbc.gov.cn/redianzhuanti/118742 /4122386/4122510 /4214277/index.Html.

[73] 曾光辉. 推进"信易贷"服务中小企业融资[J]. 宏观经济管理, 2021(4)：34-39, 47.

[74] 王馨. 互联网金融助解"长尾"小微企业融资难问题研究[J]. 金融研究, 2015(9)：128-139.

[75] 余泳泽, 郭梦华, 胡山. 社会失信环境与民营企业成长：来自城市失信人的经验证据[J]. 中国工业经济, 2020(9)：137-155.

[76] LI J, SONG Q Y, WU Y, et al. The effects of online consumer credit on household consumption level and structure：evidence from china[J]. The journal of consumer affairs, 2021, 55(4)：1614-1632.

[77] 柳松, 魏滨辉, 苏柯雨. 互联网使用能否提升农户信贷获得水平：基于 CFPS 面板数据的经验研究[J]. 经济理论与经济管理, 2020(7)：58-72.

[78] 傅秋子, 黄益平. 数字金融对农村金融需求的异质性影响：来自中国家庭金融调查与北京大学数字普惠金融指数的证据[J]. 金融研究, 2018(11)：68-84.

[79] 潘爽, 魏建国, 胡绍波. 互联网金融与家庭正规信贷约束缓解：基于风险偏好异质性的检验[J]. 经济评论, 2020(3)：149-162.

[80] 杨波, 王向楠, 邓伟华. 数字普惠金融如何影响家庭正规信贷获得: 来自 CHFS 的证据[J]. 当代经济科学, 2020, 42(6): 74-87.

[81] 周利, 廖婧琳, 张浩. 数字普惠金融、信贷可得性与家庭贫困减缓: 来自中国家庭调查的微观证据[J]. 经济科学, 2021(1): 145-157.

[82] 樊文翔. 数字普惠金融提高了农户信贷获得吗[J]. 华中农业大学学报（社会科学版）, 2021(1): 109-119, 179.

[83] 张龙耀, 金佳怡, 龙琦, 等. 数字信贷对农户生产和消费影响的实证研究: 以浙江杭州为例[J]. 农村金融研究, 2021, 8: 34-42.

[84] 战明华, 孙晓珂, 张琰. 数字金融背景下保险业发展的机遇与挑战[J]. 保险研究, 2023, 4: 3-14.

[85] HELLMANN T F, MURDOCK K C, STIGLITZ J E. Liberalization, moral hazard in banking, and prudential regulation: are capital requirement enough[J]. American Economic Review, 2000, 90(1): 147-165.

[86] ROGER B, MYERSON. Rethinking the principles of bank regulation: A review of Admati and The Bankers' New Clothes[J]. Journal of Economic Literature, 2014, 52(1).

[87] LAPAVITSAS C. Financialisation embroils developing countries[J]. Papeles de Europa, 2009, 19.

[88] ZHU C, HUA G H. The impact of China's internet finance on the banking systemic risk an empirical study based on the SCCA model and stepwise regression[J]. Applied Economics Letters, 2020, 27(4).

[89] LAPAVITSAS C, DOS SANTOS P L. Globalization and contemporary banking: On the impact of new technology[J]. Contributions to Political Economy, 2008, 27(1).

[90] 戴国强, 方鹏飞. 利率市场化与银行风险: 基于影子银行与互联网金融视角的研究[J]. 金融论坛, 2014, 19(8): 13-19, 74.

[91] 邱晗, 黄益平, 纪洋. 金融科技对传统银行行为的影响: 基于互联网理财的视角[J]. 金融研究, 2018(11): 17-29.

[92] 郭品, 沈悦. 互联网金融、存款竞争与银行风险承担[J]. 金融研究, 2019(8): 58-76.

[93] 喻微锋, 周黛. 互联网金融、商业银行规模与风险承担[J]. 云南财经大学学报, 2018, 34(1): 59-69.

[94] 吴桐桐, 王仁曾. 数字金融、银行竞争与银行风险承担：基于 149 家中小商业银行的研究[J]. 财经论丛, 2021（3）：38-48.

[95] 刘忠璐, 林章悦. 互联网金融对商业银行盈利的影响研究[J]. 北京社会科学, 2016（9）：61-72.

[96] 王亚君, 邢乐成, 李国祥. 互联网金融发展对银行流动性的影响[J]. 金融论坛, 2016, 21（8）：42-50.

[97] 张正平, 刘云华. 电子化影响农村商业银行的风险承担吗[J]. 财贸经济, 2020, 41（6）：95-110.

[98] 钱水土, 吴卫华. 信用环境、定向降准与小微企业信贷融资：基于合成控制法的经验研究[J]. 财贸经济, 2020（2）：99-114.

[99] 吴雨, 宋全云, 尹志超. 农户正规信贷获得和信贷渠道偏好分析：基于金融知识水平和受教育水平视角的解释[J]. 中国农村经济, 2016（5）：43-55.

[100] 赵青. 金融知识、风险态度对借贷行为的影响：基于 CHFS 的经验证据[J]. 金融发展研究, 2018（4）：55-60.

[101] 刘西川, 陈立辉, 杨奇明. 农户正规信贷需求与利率：基于 Tobit Ⅲ 模型的经验考察[J]. 管理世界, 2014（3）：75-91.

[102] 严太华, 刘志明. 信贷需求、借贷行为与农户社会网络的关联度[J]. 改革, 2015（9）：151-159.

[103] 刘勇, 李睿. 农业补贴、非正规金融是否刺激了农户正规信贷需求：基于 CHFS 调查数据的经验分析[J]. 西部论坛, 2018, 28（2）：9-16.

[104] 董艳, 陈秋生, 王聪. 区域金融发展如何影响农业信贷与农民创业：基于 CHFS 的实证研究[J]. 经济理论与经济管理, 2020（6）：72-86.

[105] 宋龙杰. 影响安徽农村金融服务需求的因素分析[J]. 现代经济信息, 2020（5）：133-134.

[106] 冯钰宸, 郑苏晋, 董雪. "互联网＋相互保险＋商业保险"创新发展模式探析[J]. 金融发展研究, 2016（8）：50-54.

[107] 王仁曾, 黄晓莹. 数字普惠金融对家庭商业保险需求影响实证研究[J]. 西北民族大学学报（哲学社会科学版）, 2021（4）：123-137.

[108] 周广肃, 梁琪. 互联网使用、市场摩擦与家庭风险金融资产投资[J]. 金融研究, 2018（1）：84-101.

[109] 李玉华. 数字健康技术与商业健康保险的发展[J]. 金融理论与实践, 2020（12）：

101-109.

[110] 李晓，吴雨，李洁.数字金融发展与家庭商业保险参与[J].统计研究，2021，38
（5）：29-41.

[111] 秦芳，王文春，何金财.金融知识对商业保险参与的影响：来自中国家庭金融
调查（CHFS）数据的实证分析[J].金融研究，2016（10）：143-158.

[112] 杨柳，刘芷欣.金融素养对家庭商业保险消费决策的影响：基于中国家庭金融
调查（CHFS）的分析[J].消费经济，2019，35（5）：53-63.

[113] 吴雨，杨超，尹志超.金融知识、养老计划与家庭保险决策[J].经济学动态，
2017（12）：86-98.

[114] 李丁，丁俊菘，马双.社会互动对家庭商业保险参与的影响：来自中国家庭金
融调查（CHFS）数据的实证分析[J].金融研究，2019（7）：96-114.

[115] 朱卫国，李骏，谢晗进.线上社会互动与商业保险购买决策[J].消费经济，
2020，36（1）：72-82.

[116] 曹国华，王楠，任成林.认知能力、金融知识与家庭商业保险需求[J].金融
论坛，2020，25（12）：48-58.

[117] 陈池波，龚政.数字普惠金融能缓解农村家庭金融脆弱性吗[J].中南财经政法
大学学报，2021（4）：132-143.

[118] 陈文，吴赢.数字经济发展、数字鸿沟与城乡居民收入差距[J].南方经济，2021
（11）：1-17.

[119] 马学琳，夏李莹，应望江.普惠金融视角下农民商业保险消费与投资倾向：
基于"千村调查"调研样本数据分析[J].西北农林科技大学学报（社会科
学版），2021，21（5）：85-94.

[120] 马佳丽.数字普惠金融对地区商业保险发展的影响研究[D].北京：首都经贸
大学，2018.

[121] 王伟雯.数字普惠金融下互联网商业健康险业务发展现状、问题及建议[J].中
国医疗保险，2018，11：68-72.

[122] 张卓，尹航，褚志亮.我国保险公司农业保险有效供给不足的效率视角解释：
基于DEA-非期望产出模型[J].辽宁大学学报（哲学社会科学版），2020，48
（2）：41-50.

[123] 王美.基于"互联网+"的浙江省农业保险市场化运作机制研究[J].时代金融，
2019（17）：118-120.

[124] 李泉．互联网发展水平对农业保险发展的影响研究：基于双重中介效应的实证分析[J]．兰州学刊，2020（9）：115-130．

[125] 郑军，王彪．农业保险反贫困的中日比较及启示：基于交易成本理论的"三重维度"视角[J]．经济体制改革，2019（4）：167-173．

[126] 张晓甜．促进我国"互联网+"农业保险发展的建议[J]．黑龙江金融，2018（6）：59-61．

[127] 唐金成，李笑晨．保险科技驱动我国智慧农险体系构建研究[J]．西南金融，2020（7）：86-96．

[128] 叶明华，汪荣明．收入结构、融资约束与农户的农业保险偏好：基于安徽省粮食种植户的调查[J]．中国人口科学，2016（6）：107-117，128．

[129] OKPUKPARA B C, UKWUABA I. Determinants of access and extent of use of agricultural insurance schemes by small-scale farmers in Kogi state, nigeria[J]. Review of Agricultural and Applied Economics, 2021, 24（No1/2021）: 88-97.

[130] 张金林．现代保险功能：一般理论与中国特色[J]．中南财经政法大学学报，2004（6）：74-80，144．

[131] 林宝清．论保险功能说研究的若干逻辑起点问题[J]．金融研究，2002（9）：19-24．

[132] 魏华林．论人类对保险功能的认识及其变迁[J]．保险研究，2004（2）：9-15．

[133] 粟芳．"保险姓保"的理论探析与监管保障[J]．保险理论与实践，2017，7（6）：16-34．

[134] 白锋．大数据时代的寿险精算[J]．中国保险，2014（8）：42-45．

[135] ABBAS A, BILAL K, ZHANG L, et al. A cloud-based health insurance plan recommendation system: a user-centered approach[J]. Future Generation Computer Systems, 2015, 43: 99-109.

[136] 许闲．保险科技的框架与趋势[J]．中国金融，2017（10）：88-90．

[137] 黄静，莫恒勇，李文欣．保险科技的实践创新[J]．中国金融，2018（2）：63-65．

[138] 王媛媛．保险科技如何重塑保险业发展[J]．金融经济学研究，2019，34（6）：29-41．

[139] 周延礼．保险科技的应用现状和未来展望[J]．清华金融评论，2017（12）：16-18．

[140] 单鹏．保险科技的应用与监管[J]．中国金融，2018（2）：66-67．

[141] 赵军，姜杰，赵晖．保险行业金融科技创新现状及战略思考[J]．中国保险，2017（8）：16-19．

[142] 唐金成，宋威辉，李舒淇．论数字经济时代健康保险业的应对策略[J]．西南

金融, 2021(2): 85-96.

[143] BARBER B M, ODEAN T. Online investors: Do the slow die first[J]. Review of Financial Studies, 2002, 15(2): 455-488.

[144] CHOI J J, LAIBSON D, METRICK A . How does the Internet affect trading: evidence from investor behavior in 401(k)plans[J]. Journal of Financial Economics, 2002, 64(3): 397-421.

[145] 孙从海, 李慧. 互联网金融下家庭金融资产调整趋势与效应分析[J]. 西南金融, 2014(6): 22-24.

[146] LIANG P, GUO S. Social interaction, Internet access and stock market participation: An empirical study in China[J]. Journal of Comparative Economics, 2015, 43(4): 883-901.

[147] 方文玲. 互联网金融对家庭资产配置的影响研究[D]. 厦门: 集美大学, 2018.

[148] 周天芸, 张政, 陈铭翔. 数字普惠、城乡差异和家庭金融参与[J]. 金融发展研究, 2019(7): 3-11.

[149] 廖婧琳, 周利. 数字普惠金融、受教育水平与家庭风险金融资产投资[J]. 现代经济探讨, 2020(1): 42-53.

[150] 周雨晴, 何广文. 数字普惠金融发展对农户家庭金融资产配置的影响[J]. 当代经济科学, 2020, 42(3): 92-105.

[151] 张晓玫, 董文奎, 韩科飞. 普惠金融对家庭金融资产选择的影响及机制分析[J]. 当代财经, 2020(1): 65-76.

[152] 魏昭, 宋全云. 互联网金融下家庭资产配置[J]. 财经科学, 2016(7): 52-60.

[153] 戴丹. 互联网金融发展对家庭财富管理影响研究[D]. 杭州: 浙江大学, 2016.

[154] 王瑶佩, 郭峰. 区域数字金融发展与农户数字金融参与: 渠道机制与异质性[J]. 金融经济学研究, 2019, 34(2): 84-95.

[155] 陈垚栋. 互联网金融对居民家庭金融资产配置的影响研究[D]. 西安: 西安理工大学, 2019.

[156] 张红伟, 何冠霖. 数字普惠金融对家庭风险金融资产配置的影响及机制研究[J]. 经济体制改革, 2022(2): 136-143.

[157] 段军山, 邵骄阳. 数字普惠金融发展影响家庭资产配置结构了吗[J]. 南方经济, 2022(4): 32-49.

[158] 路晓蒙, 赵爽, 罗荣华. 区域金融发展会促进家庭理性投资吗: 基于家庭资产

组合多样化的视角 [J]. 经济与管理研究, 2019, 40 (10): 60-87.

[159] 路晓蒙, 李阳, 甘犁, 等. 中国家庭金融投资组合的风险：过于保守还是过于冒进 [J]. 管理世界, 2017 (12): 92-108.

[160] 李继尊. 关于互联网金融的思考 [J]. 管理世界, 2015 (7): 1-7, 16.

[161] 尹志超, 宋全云, 吴雨. 金融知识、投资经验与家庭资产选择 [J]. 经济研究, 2014, 49 (4): 62-75.

[162] CHEN L. From fintech to finlife: The case of fintech Development in China[J]. China Economic Journal, 2016, 9 (3): 225-239.

[163] HONG C Y, LU X, PAN J. Fintech adoption and household risk-taking[J]. BOFIT Discussion Papers, 2021.

[164] 刘环宇, 邓永勤, 彭耿. 金融素养、风险偏好与家庭风险资产配置行为研究 [J]. 当代经济, 2020 (11): 56-59.

[165] 孙燕, 严书航. 数字金融发展与家庭风险金融资产投资 [J]. 金融发展, 2021 (1): 12-23.

[166] 史晓, 张冀. 数字普惠金融能提高家庭资产组合多样性吗 [J]. 西南民族大学学报 (人文社会科学版), 2021, 42 (9): 121-133.

[167] 安强身, 白璐. 数字金融发展与居民家庭金融资产配置：基于 CHFS (2019) 调查数据的实证研究 [J]. 经济问题, 2022 (10): 51-60.

[168] 陈瑾瑜, 罗荷花. 数字金融、金融素养与居民家庭金融资产选择 [J]. 武汉金融, 2022 (2): 51-61.

[169] Bachas P, Gertler P, Higgins S, et al. Digital financial services go a long way: transaction costs and financial inclusion[J]. American Economic Review, 2018 (1): 444-448.

[170] DOHMEN T, FALK A, HUFFMAN D, et al. Are risk aversion and impatience related to cognitive ability[J]. The American Economic Review, 2010 (3).

[171] 司敏, 王桂祯, 赵彦锋. 数字金融如何影响企业投资结构 [J]. 企业经济, 2023 (8): 60-71.

[172] 李婷. 数字金融与企业投资结构 [D]. 太原：山西财经大学, 2023.

[173] 王紫璐. 数字金融与企业投资结构偏向研究 [D]. 郑州：河南财经政法大学, 2022.

[174] 张友棠, 常瑜洺. 数字金融对科技型企业投资效率影响的实证检验 [J]. 管理

决策，2020（16）：179-183.

[175] 万佳彧，周勤，肖义. 数字金融、融资约束与企业创新[J]. 经济评论，2020（1）：72-78.

[176] 邵学峰，胡明. 金融科技有助于提升企业投资效率吗：基于中国 A 股上市企业的实证研究[J]. 学习与实践，2022（3）：38-40.

[177] 吴名花. 数字金融对企业投资效率的影响研究[J]. 宏观分析，2022（5）：38-40.

[178] 王娟，朱卫未. 数字金融发展能否校正企业非效率投资[J]. 财经科学，2020（3）：15-21.

[179] 李季刚，成群蕊. 数字普惠金融与实体企业投资效率[J]. 统计与决策，2022（14）：128-133.

[180] 朱康，唐勇. 数字经济发展对企业投资效率的影响研究[J]. 理论研究，2022（2）：3-16.

[181] LEYSHON A, THRIFT N. The restructuring of the U.K. financial services industry in the 1990s: A reversal of fortune[J]. Journal of Rural Studies, 1993, 9（3）: 223-241.

[182] FULLER D. Credit union development: Financial inclusion and exclusion[J]. Geoforum, 1998, 36（2）: 145-157.

[183] CHAKRAVARTY S P. Regional variation in banking services and social exclusion[J]. Regional Studies, 2006, 40（4）: 415-428.

[184] 许圣道，田霖. 我国农村地区金融排斥研究[J]. 金融研究，2008（7）：195-206.

[185] 王修华，关键，谷溪. 中国农村金融包容的省际差异及影响因素[J]. 经济评论，2016（4）：50-62.

[186] 周洋，王维昊，刘雪瑾. 认知能力和中国家庭的金融排斥：基于 CFPS 数据的实证分析[J]. 经济科学，2018（1）：96-112.

[187] DEV S M. Financial inclusion: Issues and challenges[J]. Economic & Political Weekly, 2006, 41（41）: 4310-4313.

[188] WENTZEL J P, DIATHA K S, YADAVALLI V S. An investigation into factors impacting financial exclusion at the bottom of the pyramid in South Africa[J]. Development Southern Africa, 2016, 33（2）: 1-12.

[189] 孙英杰. 中国普惠金融发展区域差异研究[D]. 沈阳：辽宁大学，2020：110-111.

[190] SCHMIED J, MARR A. Financial inclusion and poverty: The case of peru[J].

Regional and Sectoral Economic Studies, 2016, 16（2）: 1-26.

[191] 马彧菲, 杜朝运. 普惠金融指数测度及减贫效应研究[J]. 经济与管理研究, 2017（5）: 45-53.

[192] 张栋浩, 尹志超. 金融普惠、风险应对与农村家庭贫困脆弱性[J]. 中国农村经济, 2018（4）: 54-73.

[193] 尹志超, 耿梓瑜, 潘北啸. 金融排斥与中国家庭贫困: 基于 CHFS 数据的实证研究[J]. 财经问题研究, 2019（10）: 60-68.

[194] FULLER, D, MELLOR. Banking for the poor: Addressing the needs of financially excluded communities in newcastle upon tyne[J]. Urban Studies, 2008, 45（7）: 1505-1524.

[195] CNAAN R A, MOODITHAYA M S, FEMIDA H. Financial inclusion: Lessons from rural South India[J]. Journal of Social Policy, 2012, 41（1）: 183-205.

[196] 何德旭, 苗文龙. 金融排斥、金融包容与中国普惠金融制度的构建[J]. 财贸经济, 2015（3）: 5-16.

[197] CLARKE G R G, XU L C, ZOU H F. Finance and income inequality: What do the data tell us[J]. Southern Economic Journal, 2006, 72（3）: 578-593.

[198] AGNELLO L, MALLICK S K, SOUSA R M. Financial Reforms and income inequality[J]. Economics Letters, 2012, 116（3）: 583-587.

[199] BRUHN M, LOVE I. The real impact of improved access to finance: Evidence from Mexico[J]. Journal of Finance, 2014, 69（3）: 1347-1376.

[200] 邵汉华, 王凯月. 普惠金融的减贫效应及作用机制: 基于跨国面板数据的实证分析[J]. 金融经济学研究, 2017（6）: 65-74.

[201] 罗斯丹, 陈晓, 姚悦欣. 我国普惠金融发展的减贫效应研究[J]. 当代经济研究, 2016（12）: 84-93.

[202] 朱一鸣, 王伟. 普惠金融如何实现精准扶贫[J]. 财经研究, 2017（10）: 45-56.

[203] 黄益平, 黄卓. 中国的数字金融发展: 现在与未来[J]. 经济学（季刊）, 2018（4）: 1489-1502.

[204] 何宏庆. 数字普惠金融风险: 现实表征与化解进路[J]. 兰州学刊, 2020（1）: 68-78.

[205] 罗晰文. 西方消费理论发展演变研究[D]. 大连: 东北财经大学, 2014.

[206] 陈晓霞. 数字普惠金融支持居民消费升级的影响效应: 基于收入渠道视角的实

证检验[J]. 商业经济研究, 2020(18): 45-48.

[207] 凯恩斯. 就业、利息和货币通论[M]. 北京: 商务印书馆, 2019.

[208] 江红莉, 蒋鹏程. 数字普惠金融的居民消费水平提升和结构优化效应研究[J]. 现代财经, 2020, 40(10): 18-32.

[209] FRIEDMAN M. A theory of the consumption function[M]. Princeton: Princeton University Press, 1957.

[210] TULLY S M, HERSHFLED H E, MEYVID T. Seeking lasting enjoyment with limited money: Financial constraints increase preference for material goods over experiences[J]. Journal of Consumer Researches, 2015, 42(1): 59-75.

[211] 曹力群, 庞丽华. 改革以来农户生活消费的变动特征及近期的发展趋势[J]. 中国农村经济, 2000(11): 12-19.

[212] 肖立. 我国农村居民消费结构与收入关系研究[J]. 农业技术经济, 2012(11): 91-99.

[213] 孙巍, 杨程博. 收入分布变迁与消费结构转变: 基于门限模型的非线性计量分析[J]. 数理统计与管理, 2015, 34(2): 307-315.

[214] 江国才, 余益民, 罗筱梅. 收入增长对居民消费结构的影响: 实证分析及策略选择[J]. 商业经济研究, 2018(22): 58-61.

[215] 刘湖, 张家平. 互联网对农村居民消费结构的影响与区域差异[J]. 财经科学, 2016(4): 80-88.

[216] 张岳, 彭世广. 移动支付影响家庭消费行为作用机理与实证分析[J]. 商业研究, 2020(5): 105-111.

[217] 邹新月, 王旺. 数字普惠金融对居民消费的影响研究: 基于空间计量模型的实证分析[J]. 金融经济学研究, 2020, 35(4): 50-63.

[218] 王巧巧, 容玲, 傅联英. 信用卡支付对消费结构的影响研究: 消费升级还是消费降级[J]. 上海金融, 2018(11): 57-64.

[219] 李广子, 王健. 消费信贷如何影响消费行为: 来自信用卡信用额度调整的证据[J]. 国际金融研究, 2017(10): 55-64.

[220] 谢芸芸, 田发. 消费金融对消费结构升级的影响研究: 基于消费示范效应视角[J]. 中国物价, 2019(9): 57-60.

[221] 赵保国, 盖念. 互联网消费金融对国内居民消费结构的影响: 基于VAR模型的实证研究[J]. 中央财经大学学报, 2020(3): 33-43.

[222] 陈战波，黄文己，郝雄磊.移动支付对中国农村消费影响研究[J].宏观经济研究，2021（5）：123-141.

[223] 何宗樾，宋旭光.数字金融发展如何影响居民消费[J].财贸经济，2020，41（8）：65-79.

[224] 张娟，司秋利.家庭人口结构、资产组合与服务性消费增长关联性分析[J].商业经济研究，2021（7）：53-56.

[225] 沈燕，扈文秀，张钰，等.数字金融，家庭收入与家庭风险金融资产投资[J].生产力研究，2023（1）：7-11.

[226] 陈银飞，邓雅慧.数字金融是否降低了企业成本粘性[J].金融与经济，2021（5）：16-25.